JN151061

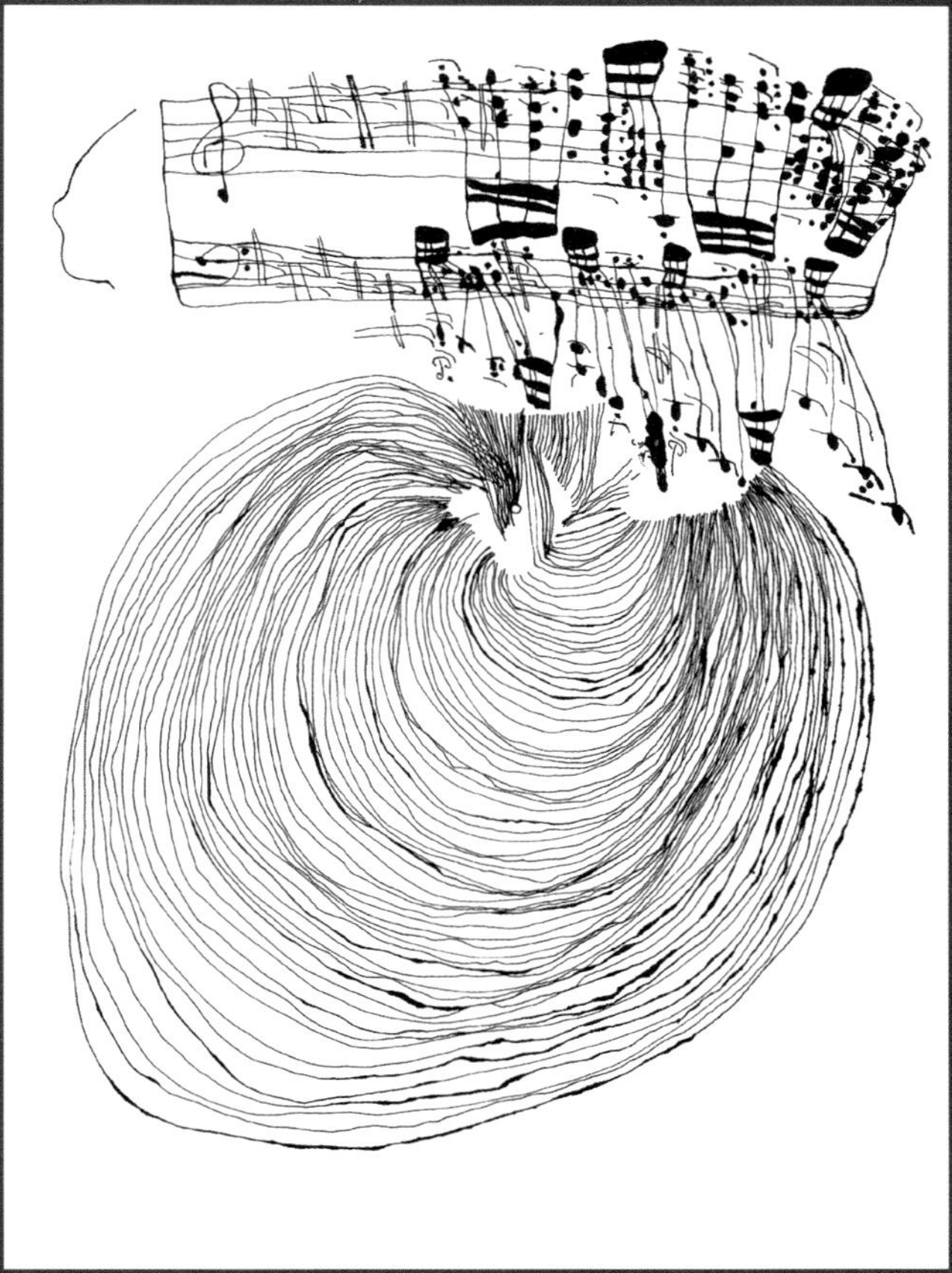

01

02

01
西岡弘治「楽譜 波紋」（2008、abcd所蔵）
540×380㎜／紙、インク／模写〈第一回大阪府公募展 2010 優秀賞〉

02
西岡弘治「楽譜 a tempo」（2010）
1000×1500㎜／紙、インク／模写〈かんでんコラボ・アート入選〉

03

04

03　大川誠「着こなし上手」（2007-2008）594 × 420㎜／紙、クレヨン
04　大川誠「けったいなものがみたい」（2005）420 × 595㎜／紙、水性マーカー

05

06

05　植野康幸「緑の壁　見つめる女」（2008）900 × 900㎜／パネル、アクリル絵の具
06　植野康幸「無題」（制作年不明）318 × 408㎜／キャンバス、アクリル絵の具、油性ペン

08

07

10

09

12

11

07　吉川真美「童話Ⅰ」（2006）342 × 595㎜／紙、鉛筆、木炭、インク／模写
08　吉川真美「童話」（2006）420 × 598㎜／紙、鉛筆、木炭、インク／模写
09　中村大輝「モッチと白いふとん」（2009）380 × 540㎜／紙、色鉛筆、アクリル絵の具
10　中村大輝「ひろきがいっぱい」（2009）380 × 538㎜／紙、色鉛筆
11　河野竜司「無題」（2015）380 × 540㎜／紙、水性ペン
12　河野竜司「ぴんく」（2014）297 × 420㎜／紙、水性ペン

共立通2丁目のアーティストたち

アトリエコーナスの軌跡

畠中英明
＋
白岩高子
編著

Hideaki Hatanaka
＋
Takako Shiraiwa

クリエイツかもがわ
CREATES KAMOGAWA

はじめに

大阪市阿倍野区共立通の住宅密集地。人々の暮らしが息づく路地の中に、重度の知的障害や自閉症のある人が通う生活介護施設、アトリエコーナスがある。

そこは、1980年代から90年代に各地でつくられた小規模福祉作業所と同じく、障害のある子をもつ親たちが、我が子のためにつくった作業所を前身としており、めずらしいことに作業所を立ち上げた当初の母親たちが、今でも現役で施設の運営に携わっている。その母親たちは、とにかくパワフルでおもしろく、人からは親しみを込めて「お母ちゃん」と呼ばれているらしい。そんな話を私は勤め先の同僚から聞いた覚えがある。

私は、2011年から6年間、国際障害者交流センター　ビッグ・アイ（大阪府堺市）に広報担当として勤務していた。ビッグ・アイが主催していた公募作品展「BiG-i Art Project」の図録制作も担当しており、受賞作・入選作として幾度となく図録に掲載されたコーナスメンバーのアート作品を通して、コーナスを認識していた。見る人を圧倒するのではなく、作品世界の中に引き込んでくるような、おもしろい作品をつくる人たちがたくさんいる施設だという印象があり、毎年どんな作品が応募されてくるか、楽しみにしていたものだった。

初めてコーナスを訪れる機会が巡ってきたのは、２０２２年のこと。この頃には勤め先を退職し、フリーランスの校正者・編集者として活動していたのだが、ビッグ・アイに勤める元同僚から、「about me 6 〜〝わたし〟を知って〜」*という展覧会の制作を手伝ってほしいと依頼があったのだ。展覧会ではコーナスメンバーの作品を展示するとともに、作者をとりまく「人」や「時」、「町」という空間について深掘りしていくという。

コーナスを初めて訪れたときのことやその印象については本文に書いているが、この展覧会で、私はコーナスの「ご近所マップ」と、その歴史を年表と15のエピソードにまとめた小冊子『この町でいきる』をつくった。元のプランではマップと年表をパネルにして展示するだけだったのだが、コーナスのお母ちゃんたちが語る物語を一つの年表にまとめてしまうのが、あまりにも惜しく乱暴なことのように思われたので、頼まれてもいないのに勢い余ってＡ４判12ページのエピソー

＊企画展覧会「about me 6 〜〝わたし〟を知って〜 この町でいきる」 主催：大阪府 実施主体：国際障害者交流センター ビッグ・アイ 会期：２０２２年12月16日〜20日 会場：LUCUA 1100 4F イベントホール「sPACE」

ド集に仕立て上げたのだった。展覧会の担当者がなんとか予算を工面してくれたおかげで、小冊子は完成に至り、展覧会に訪れた方に配布されることになったのだが、このときはなぜか「この小冊子をつくるために生まれてきたのだ」という謎の使命感に突き動かされていた。お母ちゃんたちの熱にあてられたのかもしれない。

コーナスの代表理事である白岩高子さんから連絡があったのは、展覧会の閉幕から3か月が経った頃、２０２３年3月のことだった。そこで依頼されたのは、創立30周年を迎えたコーナスの記念誌を書いてほしいということだった。私自身、作家でもなければライターとも名のっていなかった。原稿を書くこともあるが、一冊の本を仕上げた経験はない。そんな私に、展覧会の小冊子をつくったたった一度の仕事だけで、「あんたに書いてほしい」と高子さんは言う。その胆力と気っ風のよさがあまりにもかっこよかったため、二つ返事で引き受けてしまった。

本書には、コーナスが書き継いできた「コーナス通信」の記述と、高子さんを含む4人のお母ちゃんへのインタビュー（飲み屋ばなし）から知りえたコーナスの歴史物語の中から、コーナスの転機となる物語や、私自身が大切だと思う物語を選択して書いた。不思議なことに、コーナスはだいたい12年の周期で大きな転機を迎えてきたということから、12年ごとに章を区切っている。

本書は、重い障害のある子をもつ母親を支えるハウツー本ではないし、福祉施設を立ち上げたいという人に役立つところがあるのかどうかもわからない。それでも手さぐりと体当たりで道を切り拓き、さまざまな人の力を巻き込みながら、ただひたすらに地域で生きることを求め、走り続けてきたコーナスの姿に、人がそれぞれの違いを超えて他者と繋がることのおもしろさと力を感じていただければ、筆者もうれしく思う。

この本を読んでコーナスに関心をもった方がいれば、ぜひコーナスを訪ねてほしい。コーナスのお母ちゃんたちに会えば、きっと、本書よりも生き生きとしたコーナスのおもしろ話を聞かせてくれることだろう。

畠中英明

共立通2丁目のアーティストたち
アトリエコーナスの軌跡

CONTENTS

第1章
コーナスとお母ちゃんたち

「地獄だった」と笑う人びと

コーナスのお母ちゃんとの出会いの話をしよう。

それは、2022年10月17日のことだった。企画展覧会「about me 6 〜〝わたし〟を知って〜」の開催に向けて、コーナスの歴史を振り返るインタビューが行われた。場所は阿倍野区にあるアトリエコーナスの一室。コーナスをつくってきたお母ちゃんたち4人と、展覧会実行委員のメンバーが、テーブルを囲んで座っていた。

その日の私は記録係で、ビデオカメラの液晶モニター越しにインタビューの成り行きを見守っていた。テーブルに置かれた過去の写真を見ながら、聞きたいことがあれば自由に質問するというスタイルだった。あらかじめ質問を用意したインタビューではなかったから、どのような展開になるのかはまったくわからなかった。記録した映像を編集し、展覧会場で上映するかもしれないという話もあったので、「いい感じに話がまとまってくれれば」と浅はかな思いを抱いていた。しかし、話が転がり始めるともう、しゃべるわ、しゃべるわ、かぶらせてくるわ、爆笑するわ。文脈なんかお構いなく、あっちこっちと話は飛んで、マンガのようなトンデモ話が次から次へとこぼれ出る。「これはよそでは内緒やで」と茶目っ気たっぷりに外では言えない話をする。とにかくおもしろい。けれど、どうにも編集しようがない。いろんな人が出入りしては、やっさもっさと転がり続ける物語。

これがコーナスのお母ちゃんたちだった。障害者の権利も制度も何もない時代に、重い障害のある子どもを抱えながら、「どんなに重い障害があっても、あたりまえに地域で生きる」ことを求め、互いに手を取り合いコーナスという生きる場をつくってきたお母ちゃんたちなのだった。過去を振り返れば、聞くも涙、語るも涙の物語がいくら出てきてもおかしくない。けれど、液晶モニターに映るのは、「ほんとに地獄やったわ」と朗らかに笑うお母ちゃんたちの姿なのだ。

お母ちゃんたちは言う。「笑いに変えてくしかないんですよ」と。「それぐらい難しい子やったから何するかもわからへんし、しんどいからこそ、おもしろいことせんとやってかれへんのですよ」

それでもその笑いは、何かを諦めてしかたなく笑うようなものではない。つらさを笑い飛ばして、「なにくそ」と生きる、大阪のお母ちゃんの力強い笑いなのだ。困難を笑いに、笑いを力に変えていく。そんな力がコーナスの核心にあるのかもしれない。「地獄や」「地獄や」と口々に言いながら笑うお母ちゃんたちを見ながら、そう思ったのだった。

余白のある空間

大阪市阿倍野区共立通。チンチン電車が走るあべの筋から脇道に入ると、どことなく昭和の下町の香りを残した住宅街が現れる。車一台通るのがやっとの狭い路地をはさんで、家々が軒を亘ねている。低空をたくさんの電線が交差し、電柱はどれも少しずつ傾いている。迷路のような路地を歩くと、前栽の草花の彩りが目を楽しませ、通りを吹き抜ける風を頬に感じる。人々が行き交い、生活の音が聞こえる。

そんな町並みの中に溶け込むように、コーナスの施設が点在する。自立訓練「Art-Labox」、就労継続支援B型「ArtLab-Next」、共同生活援助・グループホーム「べイトコーナス」、居宅介護・重度訪問介護「サポートネットコーナス」、カフェ&レンタルキッチン・ギャラリー・オフィス「KIKUYA GARDEN」。そして、ひときわ古く風格のある町家がコーナスの中心施設である、生活介護「アトリエコーナス」だ。

アトリエコーナス

アトリエコーナスの玄関は開放的なガラス戸で、中の様子が外からでも見ることができる。「こんにちは」と声をかけると、誰かが挨拶を返してくれる。声ではなく、眼差しで挨拶が返ってくることもある。

玄関から入ると、そこは事務所とアトリエと厨房が合わさったような不思議な空間だ。右手には奥行きの深い厨房があって、コーナスの「お父ちゃん」こと白岩郁雄さんが、名物のクッキーを焼いている。正面奥には作業テーブルがある。「画伯」と呼ばれるコーナスメンバーの西岡弘治さんが、大きな身体を小さなソファに器用に横たえ、涅槃仏のポーズでまどろんでいたりする。さらに奥には、中庭をはさんで南側のアトリエへと続くテラスがあって、ざわざわとおしゃべりの声が聞こえてくる。

アトリエでは、メンバーがそれぞれに創作に打ち込んでいる。外からの訪問客には慣れているようで、「ちょっと見せてね」と言えば、見せてくれるし、邪魔になってはいけないと、部屋の隅からぼんやり眺めていると、適度に放っておいてくれる。その感覚が心地いい。「そこにいてもいいよ」と言われたようで安心する。

日本建築の特徴を生かしているのか、どの部屋も完全には仕切られておらず、要所要所に目隠しになるものがあるものの、完全な密室はない。内と外の境界がゆるやかに溶けて、心地のよいあいまいさに包まれる。外からやって来ても、いつのまにかアトリエの空気に溶け込んでいられるような余白のある空間。何者かを問われることもなく、ありのままの自分でいられる。そんな場所に思える。どうしてそんなふうに感じるのかと問われれば、不思議だとしか言いようがない。外には開放的で、内に入るとやさしく包みこんでくれるような気風がコーナスにあるのかもしれない。なんとなく、インタビューで見たコーナスのお母ちゃんたちの姿がそこに重なって見えた。

家族のように暮らす

アトリエコーナスの中にいると、不思議なリズムがあることに気づく。誰かが何か呟いていたり、ハミングしていたり、筆を動かす音であったり、こすったり、破ったりするような、さまざまな表現の音であったり。耳に聞こえるリズムはもちろんのこと、何か「暮らしのリズム」とでも言うべきコーナスをとりまくリズムがあるように感じる。

思い思いの場所で

私が見学に訪れたその日のスケジュールは、午前中はアート活動。お昼ご飯をはさんで、午後は翌日に控えていたバーベキューの準備。おやつ休憩の後に掃除をして、連絡帳を書いて、作品発表をしたら帰りの時間というものだった。それぞれ時間は決まっているものの、厳格さは感じられず、メンバー各自のリズムに寄り添いながら、スタッフも暮らしている。「さあみなさん、今から昼食ですよ。作業の手を止めて、食事の準備をしましょう」なんて号令することもなく、それぞれが各自のリズムに合わせて、ぬるっと食事の時間に移行する。みんな違うリズムを刻んでいるのだけれど、ゆるやかなまとまりがあるように見える。

「家族」みたいだなと思う。血縁関係はないけれど、あたりまえのように一つの家で一緒に暮らしている。いつも一緒というわけではないけれど、一緒のときは一緒にいて、またそれぞれの時間に戻っていく。一人ひとりが豊かな時間を送れるように、スタッフが気配を読むようにして寄り添っている。「営み」があって、「暮らし」がある。

バーベキューの準備が始まると、またリズムが変わった。コーナスのみんなはお出かけやバーベキューが好きなのだろう。ウキウキとし

時にはみんなでワークショップ

た空気が伝わってくる。調理実習の成果か、野菜を切る包丁さばきがみんな美しい。いったい何本あるのかと思うくらい大量の包丁がどこからともなく投入されて、山盛りの食材が手際よく処理されていく。バーベキューがうれしすぎて、テンションが爆上がりになったメンバーもいる。少し心配なぐらいのテンションだったが、意外と当日には落ち着いて、スンッと静かになることもあるらしい。

興奮の余韻を残して、その日の活動は終了した。日直メンバーの号令で、「今日も一日、おつかれさまでした」「さようなら」と挨拶をして、メンバーたちは三々五々に帰っていった。それを見送った後、スタッフたちは情報の共有を行っている。今日一日、メンバーそれぞれがどんな様子だったか、どんなことを言っていたか、調子が悪そうなことはなかったか。

代表理事の白岩髙子さんが言っていたことを思い出す。

「うちは、マニュアルとかはないんですよ。ただ、その人に寄り添ってあげてね。家族のように接してあげてねって言うだけなんです」

簡単なことではないだろう。穏やかな日ばかりではないだろう。それでもそうして寄り添ってきた毎日が、今のコーナスをつくっている。

フィットネスの時間

メンバーとスタッフの細やかな心づかいがあって、家族のような暮らしがある。

阿倍野デンデラ

コーナスの日常はどのようにしてつくられてきたのだろうか。過去を辿ればさまざまな岐路に立ち、いくつもの大きな決断を経て、今に至っていることがわかる。そこでは代表理事の白岩高子さんの決断力や先見の力が働いたように見えるが、コーナスの道のりは決して白岩一代記で語りきれるものではない。メンバーがいて、スタッフがいて、家族がいて、地域の人がいて、コーナスを応援してくれる人がいて、そうした人の繋がりの中にコーナスの日々があった。そしてその繋がりの核となるところに、コーナスをつくってきたお母ちゃんたちの姿がある。

30周年を迎えたコーナスの歴史を書き留めるには、やはりコーナスのお母ちゃんたちの声を拾い集める必要がありそうだ。そう思って、お母ちゃんたちへのインタビューを高子さんに依頼した。

デンデラの4人

しばらくすると、次のような返事が返ってきた。

「阿倍野デンデラ（4人の婆）が集結する日は　8月11日金　午後5時　よりみち2階　沖縄居酒屋ゆくり」

電報のような簡潔な本文。居酒屋集合というところにもツッコみたいところだが、「デンデラ」と「4人の婆」というパワーワードに脳を揺さぶられた。

『デンデラ』（2011年）という映画をご存じだろうか。村の姥《うば》捨てのしきたりに従って「お山」に捨てられた老婆が密かに生き延び、山中に共同体をつくって、村への復讐を計画したり、共同体の集落を襲う雌羆《メスグマ》と戦ったりする話だ。現代社会への警鐘とも、老婆が躍動する痛快なアクション活劇ともとれるハチャメチャな怪作だ。その「デンデラ」を名のるとは、なんとアグレッシブなことだろう。「いらない」と言われて捨てられても、お構いなしに酒盛りを始めるお母ちゃんたちの姿が想像できる。コーナスのお母ちゃんたちなら社会に復讐したりはしないだろうけれど。

とにもかくにも、こうして4人のお母ちゃんたちとのセッション「デンデラ会」が始まった。白岩髙子さん、植野淑子さん、大川典子さ

白岩髙子さん

植野淑子さん

大川典子さん

吉川みづほさん

ん、吉川みづほさん。ともに重い障害のある子を抱えながら、コーナスをつくってきたお母ちゃんたちだ。

　高子さんは言う。

「いろいろありましたよ。つらいこともいっぱい。それでも私が楽しかったってことを伝えたいんやわ」

　その言葉をたよりに、コーナスの地獄の過去を振り返ってみよう。どんな困難にぶちあたって、それをどう乗り越えてきたのか。地獄だと言いながら、それでも楽しかったと振り返ることのできるその歴史を。

第2章
コーナス前史

いくつものはじまりの

コーナス誕生のきっかけは、いくつもある。きっとその中のどれが特別重要だったということはなく、どれが欠けてもコーナスの今はなかったのだろう。

そのきっかけの一つ。白岩高子さんにとってのきっかけは、娘の直子さんが生まれたことだった。

1976年の春の日に、直子さんは生まれた。高子さんにとって3人目の子どもだった。長男がいて、長女がいて、次女の直子さん。ますます賑やかになる日常を思い描いていた。そんなとき、直子さんがてんかん発作を起こした。生後100日を迎えた頃のことだった。

1日に200回ほどの発作が断続的に起こる日々。発作を止めてほしい。その一心で医者を探し、大阪中の病院を巡ったが、誰も直子さんの発作を止めることはできなかった。

直子さんが3歳のとき、国立療養所静岡東病院にてんかんセンター（現・独立行政法人国立病院機構静岡てんかん・神経医療センター）ができた。ここなら娘の発作を止められるかもしれない。すがるような

直子さん

思いで高子さんは病院を訪ねた。

院長室に通されたときのこと。高子さんをやさしく迎え入れながら、院長先生は言った。

「お母さん、今までよく頑張ってきたね」

思えばこれまで、医師から労いの言葉をかけられたことはなかった。子どもの症状を尋ねるばかりで、母親の心に寄り添ってくれる医師はいなかった。発作を止めたい。なんとかこの子を苦しみから解放したい。その一心で、自分の心に蓋をしていた高子さんの胸に、院長先生の言葉がスッと差し込んで、強張った心をやさしく溶かした。このとき初めて高子さんは泣いたという。その一言がうれしくて、もうそれだけで娘のてんかんが治るような気さえしたのだった。

診察の結果わかったことは、直子さんの症状がてんかんセンターに訪れる患者の中でもごくわずかにしかみられない、難治性てんかんということだった。当時すでに発作のタイプに応じた薬は開発されていたが、直子さんはあらゆるタイプのてんかんをもっていたため、いくら薬を投与しても、てんかんを抑えることができなかったのだ。

直子さんのてんかんは、完治することはなかった。それでも院長先

当時の望之門保育園

生は「うちの病院に来られた以上は、私たちができるだけのことをしますから」と言って、手を尽くしてくれた。

そのかいあって、1日に200回あった発作は軽減された。とはいえ完全になくなったわけではなく、日中にバンバン倒れることもあったし、救急車を呼んだことも何度もあった。不思議なことに直子さんは、どんなに強い発作に襲われてぐったりと倒れた後でも、しばらくすると何事もなかったかのように起き上がり、天使のように笑っているのだった。

その後は、定期的に病院に通う以外は家で過ごす日々が続いた。長男と長女は、よく直子さんと遊んでくれたが、幼稚園に通う時間や友だちと遊びに行くときなどは、直子さんのそばにはいられなかった。そんなとき、直子さんは一緒に遊んでくれる友だちを求めて、外に出たがるのだった。

「うちの子でも通えるとこ、ないやろか」

そんなふうに考えていたとき、髙子さんが出会ったのが、望之門《のぞみのもん》保育園だった。障害のある子が通える場所は、大阪全域を探しても数えるほどしかないような時代。幸運にもその一つが目と鼻の先、阿倍野

入園初日の直子さん

の地にあったのだ。

これは、きっかけの物語の一つ。高子さんにとってのきっかけの物語だ。

もちろんきっかけは、いくつもある。いくつもの誕生があり、いくつもの出会いがある。その物語が交差する場所が、まさにこの望之門保育園だったのだ。

手さぐりではじめる障害児共生保育

直子さんが入園した当時、望之門保育園は日本キリスト教団阿倍野教会が運営する保育園で、園長は阿倍野教会の村山盛忠牧師が兼務していた。後にコーナスは、その立ち上げにおいても運営においても、阿倍野教会と村山牧師から大きな愛情と支援を受けている。

望之門保育園は、「障害児共生保育」を行う保育園で、当時は定員90人のうち、障害のある子が11人いた。障害の有無で子どもたちを分けることなく、共に育つ保育を実践していたのだった。

村山盛忠牧師（中央）

高子さんは、望之門保育園で開催された運動会の光景を今でも忘れられないという。缶ぽっくり競走では、同じ規格のものではなく、一人ひとりの身体に合わせた缶ぽっくりが使われた。リレーでは、うまく走れない子をみんなで支えながらゴールまで走った。それぞれの違いを超えて共に生き、共に育ちあうその様子に、高子さんは初めて「共生」の姿を見た。

望之門保育園が障害児共生保育を始めたきっかけは、1973年のこと。2歳児クラスに子どもを預けていた保護者から、情緒障害の傾向のあるきょうだいを入園させてほしいと要望があったことだった。何度も話し合いを重ねた結果、1974年4月からの入園を決定したという。

それからの日々は試行錯誤の連続だったようだ。障害のある子どもとの日々を通して、従来の保育に子どもを合わせようとする保育から、その子どもの保育を考えることによって、今までの保育を見直さなければならないと考えるようになったというほど、障害児を受け入れるという決断の影響は大きかったという。

望之門保育園が実践してきた「共に」の精神や、わからなくても「と

運動会での一幕

にかくやってみよう」と決断し、手さぐりでつくりあげていくスタイルに、私はコーナスの姿を見る。コーナスもまたそうした精神と実践のもとに生まれたものであり、しっかりとその精神を受け継いでいるからだ。

阿倍野で共に生きよう会の誕生

直子さんの望之門保育園への入園は、高子さんにとってターニングポイントとなる出来事だったが、ちょうどその頃、望之門保育園も大きな転換期を迎えていた。

高度経済成長とともに、女性の社会進出が進み、乳児保育や夜間保育など、保育のニーズが多様化する中で、望之門保育園もそうした地域のニーズにどのようにして応えていくのかを問われる状況にあったのだ。

多様なニーズに応えるには、阿倍野教会の資金や人材だけでは限界があった。宗教法人では政教分離の原則により国や自治体からの支援を受けられないというのも理由の一つだった。阿倍野教会は、何度も議論を重ねた末に、地域における保育・福祉事業をより積極的に展開できるよう、社会福祉法人の設立を決定した。

1980年3月、法人登記が完了し、ここに社会福祉法人阿望仔《あぼし》が誕生した。阿倍野区の「阿」、望之門の「望」、仔羊・人の子の「仔」を並べて「阿望仔」である。キリスト精神のもと、地域と共に歩む意志をその名に示している。

阿望仔の運営となった望之門保育園は、以降、乳児保育や夜間保育、緊急一時保育、病後児保育といった先駆的な保育事業を展開していくことになるが、この変革のエネルギーの中、障害のある子の将来を見据えた活動もまた活発になっていった。

阿望仔の専務理事であった樋口修一さんは、常々こう語っていたという。

「私たちのめざす障害児共生保育は、卒園で終わるものではなく、その後の人生も見守り、励ましていくものだ」

当時の小・中学校には、障害児の入学に消極的な態度をとる学校も多かった。そのため、望之門保育園では、地域の小学校に足を運び、障害児を受け入れるよう働きかけるという活動も以前から行っていた。

阿倍野で共に生きよう会

運動会の際には「障害児を地域の学校に入れよう！」と大書した横断幕が掲げられていたほどだった。それはまさに障害者の権利と未来を勝ち取るための「運動」だったのだ。

そして、１９８1年7月、望之門保育園の主導により、「阿倍野で共に生きよう会」が誕生した。その主な構成員は、望之門保育園の職員と、重い障害のある子をもつ母親たち、それを支援する健常児の親たち。支援学校を卒業したその先に、我が子が生きる場・働く場をつくることをめざしたものだった。

当時、支援学校を卒業した障害者の働ける場所は限定的で、授産施設があるといってもみんなが入れるわけではなかった。うまく入れたとしても、その期間には制限があり、3年経てばまた別の施設を探して移らねばならなかった。そんなことなら自分たちで我が子が働ける場をつくろうということなのだ。それは熱く激しい「運動」だった。そんな運動にデンデラの4人も、他の障害のある子をもつ母親たちも、意識的に、あるいは半ば巻き込まれるようにして、参加することになっていくのだった。

第2章

胎動の12年

1981〜1993

主なできごと

1981年7月	「阿倍野で共に生きよう会」発会
1989年3月	「コーナス共生作業所」開設 自主運営を開始する
1989年4月	コーナス通信第0号が発行される
1993年4月	大阪市認可の福祉作業所として活動を開始する

仲間を求めて

阿倍野で共に生きよう会の主な活動は、将来に向けた資金集めだった。我が子が働ける場をつくろうと立ち上がったものの、それにはお金が必要だった。後援会を組織して会費を募ったり、保育園と合同でバザーを開催して、その売り上げを将来のためにと貯蓄した。保育園の関係者や阿倍野教会の教会員など、多くの人がその活動を支えてくれたという。

ある時、樋口修一さんがこう言った。

「将来のためには、望之門だけやったら活動を続けていかれへんから、校区が違っても阿倍野で共に生きよう会にもうちょっと人を誘わなあかんで」

樋口さんの目は常に先の先を見据えている。活動を続けていくためには、その存在を地域の人に知ってもらい、一緒に活動してくれる仲間や応援してくれる人を増やしていく必要があった。

そこで、阿倍野で共に生きよう会では、夏休みや冬休みなどの長期休暇の間、障害のある子を預かって一緒に過ごす「のぞみクラブ」と

樋口修一さん

いう活動を始めたのだった。場所は阿望仔が運営するマナ乳児保育園の3階の一室を借りた。望之門保育園とは通りをはさんで向かいにあった。まだ放課後デイサービスのようなものはない時代だった。

大川典子さんが望之門保育園を知ったのは、息子の誠さんの保育園探しの頃だった。

当時の望之門保育園は、建て替えられる前の年季の入った木造園舎だった。事務室に細身の男が座っているのが見えたので、恐る恐る声をかけてみる。

「すみません、うちの息子、障害があって……、それでちょっと脳波に異常も出てるんですけど……」

すると男はこう返した。

「そんなん僕でも異常あるわ」

典子さんには知る由もなかったが、その男こそ樋口修一さんだったのだ。

あまりにもあけすけな物言いに、典子さんはこう思ったという。

「ここ、やばいとこちゃうやろか」

結局、誠さんは自宅近くの保育園に通うことになったのだが……。

それから5年後のこと。当時、友人と内職をしていた典子さんは、長い長い夏休みの間、誠さんを預けられる場所はないかと思案していた。情報を求める中で知ったのは、「のぞみクラブ」という活動の存在。典子さんは、再び望之門保育園を訪ねてみることにした。

典子さんはその後、他の保育園にも行ってみたりしたが、最終的には「のぞみクラブ」に誠さんを預けることにした。その関係から阿倍野で共に生きよう会の活動にも参加するようになるのだが、この出会いが40年に及ぶ長い付き合いになるとは想像もしなかっただろう。

こういうふうにして、阿倍野で共に生きよう会は仲間を増やしていった。いつの時代でもどんな集まりでも、活動を続けるには共に歩む仲間が必要なのだ。

阿倍野で共に生きよう会の崩壊と新生

阿倍野で共に生きよう会が発足した１９８１年は、国連が「国際障害者年」と定めた年でもあった。障害者の社会生活の保障と社会参加のための国際的努力を促すためだった。世間一般の認知は低かったが、障害者団体の間では、さまざまな動きがあった。

白岩高子さんも知人に誘われて、大阪で開かれた国際障害者年の記念講演会に参加したという。そこで初めて高子さんは「ノーマライゼーション」の理念を知った。そのときの衝撃を高子さんは鮮烈に覚えている。それは、宇宙旅行に行くぐらい隔たりのある言葉だった。

ノーマライゼーションとは、障害のある人を訓練して普通（ノーマル）の人に近づけることではない。その根本は、「普通」と「普通ではないもの」に「分けない」ということだ。障害があろうがなかろうが、共に暮らせるよう環境を改めていこうという考え方だ。どんなに重い障害があっても、あたりまえに地域で生きることをめざすものだ。

重い障害のある人は、コロニーのような入所施設で、閉じ込められるように一生を過ごすのがあたりまえの時代だった。いくら療育をしても、直子さんは発作でしょっちゅう倒れるし、おまけに身体障害と知的障害もあった。子どもの未来になんの幻想も抱けないような日々に、突然ノーマライゼーションの風が吹いたのだ。

「あと30年もすればこの考えが浸透して、私たち親子も生きやすくなるかもしれない。でも、それまで直子はこの幻想も抱けないような人生を送らなければならないのだろうか」

そんなことなら、と高子さんは思った。

「そんな社会をただ待つのではなく、自分からつくっていく人になろう！」

胸が熱くなった。明確な目標ができて、自分の中に一本の軸が通ったようだった。その思いはブレることなく、阿倍野で共に生きよう会の活動にも情熱をもって参加した。


その一方で、阿倍野で共に生きよう会の会員の間には、それぞれ意識の違いがあった。同じところをめざしていたとしても、それぞれに立場は違うし、みながみな高子さんのような熱意を継続できるわけではなかった。保育園と保護者会が主催していたバザーも阿倍野で共に生きよう会と阿倍野教会の主催となり、その規模は年々拡大していた。のぞみクラブの活動にも交代で入らなければならなかった。親たちへの負担も決して楽なものではなかったのだ。

阿倍野で共に生きよう会の発足から5年ほど経った頃、ある親が言った。

「こんなしんどいことせんでも、この子たちが大きくなる頃には、行けるところもできるやろ。もうやめようや」

そうして一人、また一人と会を離れていった。しかたがなかった。障害のある子を抱えながらの活動のつらさは、高子さんもわかっていた。引き留めることはできなかった。もともとそんな力も権限もなかったのだ。

「このままでは、生きよう会を続けられへん。でも、どうしたら……」

憔悴したような高子さんを見て、樋口修一さんは言った。

「あんたからそんな泣き言聞きとうもないわ！　たった一人でもやってやると思わへんのか！」

痛烈だった。しかし、樋口さんは高子さんの気質を見抜いていた。やさしい言葉をかければ立ち直れるわけでもなかった。

樋口さんの叱咤を受けて、考えてみる。会を離れていった人の子どもたちには、行けるところがあるかもしれない。でも、直子さんにそんな場所はない。それに、ここでやめてしまったら、後援会費を納めてくれた人やバザーに供出品を提供してくれた人、さまざまなかたちで会を応援してくれた人々の気持ちを裏切ることになる。そう考えると、沸々と怒りがわいてきた。

会を離れていく親たちの前で、机に拳を叩きつけ、高子さんは言った。

「私は、たった一人でもやってやる！」

そして、高子さんは一人になった。

このとき、他の母親たちはどう感じていたのだろうか。

大川典子さんは当時を回顧して言った。

「私もついていくよって、その場で言えればよかったんやけどね。それもちょっとどうしようかなって、迷いがなかったとは言えません。私らはちょっと考えて、しんどくても生きよう会でやっていくか、3年か4年で授産施設をぐるぐる回されるかっていうのを天秤にかけたんです。最終的にはしんどくても生きよう会でやっていこうっていう感じになったけどね」

吉川みづほさんも言う。

「みんな、もやっとしてたからね。絶対いいという選択肢があるわけでもなく、どうしようかなって感じで揺れ動いてたね」

会を離れたとしても、明確な未来があるわけではなかった。パニックを起こして激しく暴れる子どもを思うと、入所施設に入れるというのも絶対にないとは言い切れなかった。一方で、一人でもやると言った髙子さんの気持ちも、わからないではなかった。できることなら地域で暮らしたいとも思っていた。

しばらく考えた後、彼女たちは会に戻った。その決断の背景には何があったのか。

植野淑子さんは言う。

「望之門保育園と阿倍野教会が背中を支えててくれるから、何かあっても泣きつくとこがあるというか、安心感はありましたよね」

それぞれに離れる者は離れ、戻る者は戻っていって、25人いた会員は、デンデラの4人を含む7人となった。後にこの7人がコーナスの核となっていく。

コーナス共生作業所の誕生

1989年3月、阿倍野で共に生きよう会の会員の子ども2人が支援学校を卒業した。大浪晴久さんと西岡弘治さんだ。２人の親たちは地域で生きることを選択した。これを機にお母ちゃんたちによる共同作業所の自主運営が始まった。当時、利用者が２人では、大阪市の認可を受けることはできなかった。当然、補助金はもらえない。場所は引き続きマナ乳児保育園の３階の一室を借りた。

「家賃とらへんから、払ってるつもりで使ったらええ。その代わり、将来のためにお金貯めとくんやで」

そう言って、樋口修一さんが貸してくれたのだった。

この門出を祝い、阿倍野教会の村山盛忠牧師が「コーナス共生作業所」と名付けてくれた。聖書にある言葉の「コーナー・ストーン」（cornerstone：隅のかしら石）を引用したものだった。聖書の一節に「家造りらの捨てた石が、隅のかしら石になった」とある。建築家が家を建てるときに、大事な土台であるかしら石（礎石）を選ぶ。その建築家が土台にはふさわしくないと捨てた石を、神が土台の要となる「隅のかしら石」として据えたという。

「障害のあるこの子たちの存在は、この社会を支える隅のかしら石だよ」

そう言った村山牧師の言葉も、コーナス共生作業所の礎となっている。

作業所を始めたものの、なにもかもが手さぐりだった。ノウハウなんて何もない。お金がないから、福祉の経験や知識のある指導員を雇うこともできない。アルバイトで一人、指導員はいたが、それで作業所がまわるはずもないので、お母ちゃんたちが交替で作業所を見ることになった。

最初の頃の日中活動は、空き缶つぶしや毛糸の袋織り、ベランダにプランターを並べて野菜の栽培を始めたりしていたようだ。手織りやぞうきん縫いにも挑戦している様子が当時の記録にみえる。本格的に内職を始めるまでは少し時間がかかったようだ。

そして、とにかくいろんなところに出かけている。閉鎖的な環境でメンバー2人がじっとしているのはよくなかったし、じっとしていられるはずもなかった。せっかく2人で始めたのだから、働くだけじゃなく、楽しみを共有して絆を深める活動をしようという思いがあった。浜寺公園（大阪府堺市）にハイキングに行ったり、森林公園やすらぎ村（奈良県吉野郡下市町）でキャンプをしたり。とんでもないことに、

コーナス共生作業所

作業所を開設してすぐの6月には、メンバー2人と指導員、樋口さんの4人で、車にキャンプ道具を積み込み、北海道を横断するサバイバルな旅に繰り出している。小樽から知床へ、知床から稚内へ。道中では礼文島や利尻島といった離島にも立ち寄っている。とんでもなく人生を謳歌していた。

主婦のダラダラ会議とデコボコな運命共同体

指導員とお母ちゃんたち「親の会」は、月に一回集まって、運営会議を開いていた。日々の活動の報告と、行事予定の確認が主な内容だった。当時の会議の記録をみてみると、代表に会長、会計、記録、広報と、みんなもれなく役割があり、作業所運営は人任せにはできない「自分事」だったことがよくわかる。まさに運命共同体だ。

運命共同体といっても、中身は世代も生活環境も価値観も、なにもかもが違うお母ちゃんたちの集まりだった。会議といってもフタを開けてみれば主婦のダラダラ会議で、まとまる話もまとまらないほどだった。

たとえば、白岩高子さんと、植野淑子さん、大川典子さんは一回り

マナ乳児保育園の3階で

ほども歳が違ったし、保育士として働いた経験があり、娘の直子さんが小学校に通うようになってからは、望之門保育園に勤めるようになった高子さんと、若くして結婚し子どもを産んで、アルバイトで働いた経験しかない淑子さんや典子さんでは、生きる世界も見えるものもまったく異なるものだった。

子どもたちの障害の違いもお互いの価値観に影響を与えたのかもしれない。高子さんの娘の直子さんは、てんかん発作を起こして頻繁に倒れることはあるが、パニックを起こして叫んだり、物を投げたりするようなことはなかった。対して典子さんの息子の誠さんは、パニックを起こすと激しく暴れて、頭をガラスに打ちつけるなど、ひどく自傷するようなこともあり、典子さんは誠さんを止めるのに必死だった。どちらにしても重い障害で、そのつらさに変わりはなく、比べ合いのない関係ではあったが、何かを決めるときの判断基準には影響があったのかもしれない。

子どもたちにいろんなことを経験させたいと思い、高子さんが旅行を提案すると、家にいるのが好きで、あまり外に出たがらないお母ちゃんたちは、揃って反対するのだった。高子さんとしては、出不精なお母ちゃんたちに、もっと外に出て社会と交わり、ちゃんと生きてほしいというじれったい思いがあったのだが、他のお母ちゃんたちからすれば、保育園に勤めているために、作業所の当番を免除されている高子さんが、会議のときにだけ現れて、エラそうなことを言っているように感じられて、反発もしたくなるのだった。

ぺちゃくちゃと余談を始めるお母ちゃんたちに高子さんが注意をすると、「そんなに言うんやったら、あんたがやったらええやんか」と切り返される。そんな流れが会議の定番だった。

喧嘩はしても、仲が悪いわけではなかった。お互いにめざすところは同じだったから、本音でぶつかり合えるのだ。高子さんが叱咤すると他のお母ちゃんが反発する。これはそれぞれの役割でもあった。高子さんは望之門保育園を通して先進的な福祉の姿を見ていた。他のお母ちゃんたちより先を見据えていたから、大事なところではいつも矢面に立つのが高子さんの役割だった。他のお母ちゃんたちは高子さんの後を追いながら、コーナスの日常をしっかりと守った。反発することも一つの役割で、反発する人が一番近くにいたからこそ、高子さんの考えもより洗練されたものとなった。

親の会の結束のためにたくさん旅行に出かけた

当時の会議の様子を尋ねると、「よう怒られたよな」とお母ちゃんたちは楽し気に話す。それを見ながら高子さんも、「怒ってばっかりやから、恨まれてましたよ」と、まんざらでもない顔をする。何か言えば一番反発していた人が、何十年も一緒に隣を歩いている。怒った怒られたも笑い話になるくらい、不思議な縁で結びついた人たちなのだ。

コーナス通信に描かれたもの

１９８９年４月20日、コーナス通信第０号が発行された。手書きの原稿を持ち寄って、切り貼りしてつくった手づくりの通信だった。以来、２００７年３月27日発行の第２１６号まで18年もの間、月一回の発行を続け、２００７年４月からは季刊となり、現在も発行を続けている。ブログやFacebook、InstagramなどのＳＮＳを利用して情報を発信するようになった現在でも、紙の通信にこだわっている。その手ざわりに、つくった人のぬくもりを感じることができるという紙ならではの魅力を大切にしている。

当初、通信制作の中心となったのは、コーナスのお母ちゃんたちでつくる「親の会」だった。お母ちゃんたちが交替で編集委員を務め、原稿やイラストを持ち寄って制作した。もちろんお母ちゃんたちに原稿書きの経験はない。一つ書くだけでも頭を悩ませるのに、人数が少ないから、すぐにまた次の原稿依頼がくる。作業所の当番はまわってくるし、子どもはいつ暴れだすかわからない。そんな中で原稿も書かなければならないのだ。文字を大きく書いて、少ない文字数でスペースを埋めてしまおうと、涙ぐましいほどの努力をみせるお母ちゃんもいたが、紙面がスカスカになるだけで、楽に書けたというわけでもないようだ。通信制作はまさに月一回の地獄であった。

「毎月一回出さんでも、数か月に一回でええんちゃうの?」

そう言うお母ちゃんたちを白岩高子さんは叱咤激励する。

「これも子どもらの将来のためなんや。コーナスを知ってもろて、応援してくれるファンをもっとつくらなあかんねん」

その思いの裏には、阿望仔の専務理事、樋口修一さんの言葉があった。

「通信出すんは将来絶対役に立つから、必ず毎月出すんやで」

その言葉の通り、通信はコーナスのメンバーと親たちを支え、後援会の人たちや地域の人たちを繋ぐものとなった。そして今、こうしてコーナスの歴史を振り返る際に、30年以上にわたる歴史の証人となっている。

当初はパソコンもプリンターもなかったので、あべのベルタ3階の阿倍野市民学習センターに原稿を持ち込み、輪転機を借りて印刷した。部数は約400部。少人数の作業所にしては結構な部数だ。印刷した重い紙の束を作業所に持ち帰って、メンバーに手伝ってもらいながら1部ずつ折った。印刷しておいた宛名をカットして、通信に巻いて帯とした。

できあがった通信は、望之門保育園や阿倍野教会で配布し、後援会の会員に送った。近くの人にはポスティングや手渡しで、遠くの人には郵送で送った。そのほか、バザーで供出品を提供してくれた人やイベントの際に芳名帳に名前を書いてくれた人に送っている。必ず後援会の案内と後援会費の振り込み用紙を同封していた。

お母ちゃんたちには不慣れなことも多く、失敗もいっぱいあった。印刷を失敗して、紙をたくさん無駄にしてしまったこともある。

編集委員を担当することが多かった吉川みづほさんは言う。

「たまにね、失敗するじゃないですか。印刷がずれてたりね。泣きそうになりましたよ。しかたないって言うたら怒られるけど、それが役やから誰にも言われへんし、黙々とやった記憶がありますね」

そんなお母ちゃんたちの苦労とは裏腹に、通信の紙面にはコーナスの楽しい日常が綴られている。暮らしの中で気づいたメンバーたちの癖のこと。旅行先でのできごと。日々の振り返りから思うこと。将来に向けて望むこと。一筆一筆悩みながら書いたであろうその記事を読んでいると、会ったこともないのに、なんだか見知った人の筆の跡を追うような不思議な気分になる。

通信を読んでいて気づくのは、そこにたくさんの人の名前が記されていることだ。後援会に入ってくれた人。バザーを手伝ってくれた人。外出の際にボランティアを務めてくれた人。差し入れにお菓子を持って来てくれた人。コーナスのクッキーを買ってくれた人。関わってくれたすべての人に感謝の気持ちを伝えるとともに、その名を忘れないように一つひとつ書き留めているようにみえる。

コーナス通信は、地域の人々に「私たちはここにいるよ」と呼びかけるものであると同時に、「大切なものはここにあるよ」とコーナス自身に呼びかけているものなのかもしれない。

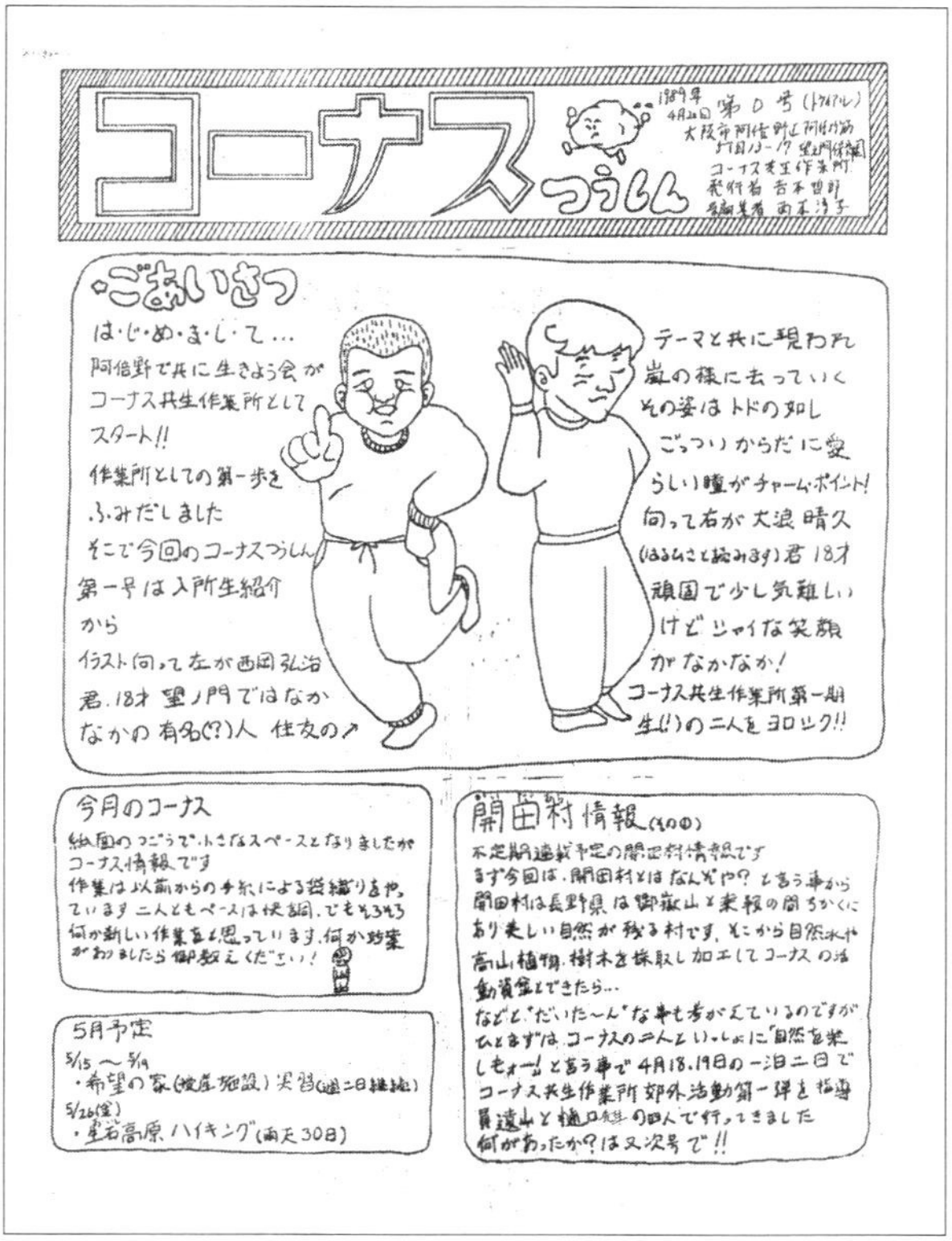

コーナスつうしん

1989年4月20日 第0号（トライアル）
大阪市阿倍野区阿倍野筋5丁目13-17 望之門保育園
コーナス共生作業所
発行者 吉本哲郎
編集者 西本浮子

ごあいさつ

は・じ・め・ま・し・て…
阿倍野で共に生きよう会が
コーナス共生作業所として
スタート!!
作業所としての第一歩を
ふみだしました
そこで今回のコーナスつうしん
第一号は入所生紹介
から
イラスト向って左が西岡弘治
君．18才 望ノ門ではなか
なかの有名(?)人 住友の↗

テーマと共に現われ
嵐の様に去っていく
その姿はトドの如し
ごっつい からだ に愛
らしい瞳がチャーム・ポイント!
向って右が大浪晴久
（はるひさと読みます）君 18才
頑固で少し気難しい
けどシャイな笑顔
がなかなか!
コーナス共生作業所第一期
生(!)の二人をヨロシク!!

今月のコーナス

紙面のつごうで小さなスペースとなりましたがコーナス情報です
作業は以前からの手織による袋織りをやっています 二人ともペースは快調．でもそろそろ何か新しい作業をと思っています．何か妙案がありましたら御教えください!

5月予定

5/15～5/19
・希望の家（授産施設）実習（週二日継続）
5/26(金)
・星岩高原 ハイキング（雨天30日）

開田村情報（その0）

不定期連載予定の開田村情報です
まず今回は，開田村とはなんぞや？と言う事から
開田村は長野県は御嶽山と乗鞍の間ちかくにあり美しい自然が残る村です．そこから自然水や高山植物．樹木を採取し加工してコーナスの活動資金とできたら…
などと"だいた～ん"な事も考えているのですがひとまずは．コーナスの二人といっしょに"自然を楽しもォー!"と言う事で4月18．19日の一泊二日でコーナス共生作業所郊外活動第一弾を指導員遠山と樋口私の四人で行ってきました
何があったか？は又次号で!!

コーナス通信第0号

わからないことはよそから学ぶ

現在、コーナスには施設見学に来る人も多く、中には自分たちで新たに福祉施設を開設したいという人や、新たな事業を立ち上げたいという人が相談に来ることもあるという。そんなとき、白岩髙子さんは次のようにアドバイスしている。

・後になって後悔しないように、とりあえずでいいからやり始めること。
・やったことのないことを頭で考えてもしかたがないから、うまくやっている施設を何か所も見に行って、それを真似てみること。
・そこに自分たちの考えを盛り込んでいくこと。

まさにそれは、コーナス自身がやってきたことだった。

コーナス通信の記録を遡ると、その初期の頃にはたくさんの施設に見学や研修に訪れていたことがわかる。西淡路希望の家、おおいずみ作業所、出発《たびだち》の家、和泉障害者解放作業所、キジムナー、豊能障害者労働センター、風の子そだち園。おそらく通信に記載のある施設はほんの一例で、それ以外の施設にも見学に訪れていたのだろう。

見学には、指導員とお母ちゃんたちが日程を調整しあい、手分けして訪れていたようだ。どのような空間で、どんな作業をしていたか。コーナスのメンバーにもできそうなことはなかったか。そんなことを考えながら見学し、運営会議などで情報を共有しあった。

当時、望之門保育園で保育士として働いていた高子さんも、隙間の時間や休みの日を使って施設見学に出かけていた。夜間保育の主任を務めていた頃で、夜間の業務が始まるまでに4時間の空き時間をつくることができた。保育士として働きながら、空いた時間で施設見学に出かける日々。他人から見ると大変なことのように思われるが、高子さん自身にとっては保育もできて、コーナスのこともできる、「2つもできる」充実した時間だった。

手さぐりで作業所運営を始めたお母ちゃんたちに、施設見学は多くの気づきを与えるものになったのだろう。通信に掲載された報告には、現状の課題とこれからの希望がいきいきと記されている。きっと、指導員やお母ちゃんたちが手分けしてそれぞれに見学に訪れたことが功を奏したのだろう。誰か一人がするのではなく、それぞれが訪問し、発見し、考える。これからのコーナスがどんな場所になってほしいか、一人ひとりがその理想を抱き、お互いに意見をぶつけあう。そういう過程を経て、共につくってきたものが、コーナスの日常のかたちなのだろう。

友情は最高の補助具

1990年10月13日、望之門保育園の職員6名は、ノーマライゼーションの源流を訪ねる10日間の研修旅行に出発した。雑誌『そよ風のように街に出よう』の編集部が企画した「ノーマライゼーションの旅＝障害者の福祉と教育視察ツアー」に参加するかたちで、スウェーデン第三の都市、マルメに向かったのだった。ツアーは総勢30名。その中に障害者が8名、うち車いす利用者が3名いた。参加者は、交替で介助を務めながら道中を共にした。その中に白岩高子さんの姿もあった。

大阪国際空港からオランダのアムステルダム・スキポール空港へ。空港内のホテルに一泊し、翌日デンマークのコペンハーゲン空港へ飛

スウェーデンへの旅

ぶ。コペンハーゲンからはフェリーでマルメへと渡った。

飛行機に搭乗するときや、ホテルへ向かうリムジンバスに乗り込む際には、空港の職員やバスの運転手が、あたりまえのように車いすの人を抱き上げて席まで運んでくれた。車いすの昇降機などハードが整っていなくても、ソフトの力で解決できるのだった。それを当然のようにスマートにやってのける姿に、欧州と日本の意識の違いを感じたという。

スウェーデンでは、1987年には障害者の暮らす大きな入所施設は解体されており、地域へと移行していた。地域にあるモデル住宅のようなグループホームを訪問したとき、そこにはおしゃれな部屋着を着た住人と、家族のように寄り添う職員の姿があった。普通の家のように見えて、天井にはすべて天井走行リフトのレールが張り巡らされていた。ヘルパーは24時間介護体制が整っていて、どんなに重い障害のある人でもグループホームで自立した生活が送れるのだった。

訪れたどの施設にも、障害のある人の意志を尊重しようとする人権意識が見てとれた。それぞれの障害の状況に応じて、意志の伝達ができるようにさまざまな工夫が施されていた。見るものすべてが先進的

リフト付きのリムジンバス

で、目から鱗がこぼれ落ちた。「これを日本でやりたいなあ」と高子さんは思った。

若い人たちに向けて講演するとき、高子さんはスウェーデンで学んだ言葉を紹介するとともに一つのクイズを出す。

「友情は最高の補助具」

これは、スウェーデンのとある施設に掲示されていた言葉だ。

「スウェーデンの海の家には、大きな戸板のようなものが立てかけられています。180×90センチくらいの大きな板が2枚あるんです。車いすの人が波打ち際まで行こうと思っても車輪が砂にはまって行けませんよね。でも、この板2枚を使えば、車いすで波打ち際まで行けるんです。どうするかわかりますか?」

日本であれば、桟橋をつくったり砂浜用の車いすを使うなど、ハードの部分で解決しようとするかもしれない。しかし、福祉先進国といわれるスウェーデンで一番大切にされていたものは「友情」なのだった。

ところで、このクイズの答えは、次のようなものである。まず2枚の板を並べて敷いて、砂浜の上に道をつくる。その板の上を車いすが

天井走行リフトが完備されたグループホーム

通る。１枚目の板を通過して２枚目の板に到達すると、１枚目の板を２枚目の板の前に移動させて道を延伸する。順繰りに車いすが通過した後の板を前へ前へと繋いでいくことで、波打ち際まで到達するものである。

地獄のバザー

なんでもやるぜ！　かけるわバザー!!

11月４日のコーナス・阿倍野教会主催のバザー!!　さてさて、どんなものにしようか頭をつき合せて〝あーでも、こーでも〟といろいろ話し合いました！

今年は、もっともっと〝コーナスのいろ〟を出して、コーナスを知ってもらおう！

（作業する若き青年を！　パワーあふれる母さんを!!）ということでイベントもします。

望之門保母達の〝おちゃめ宣伝ギャル〟にのせられて、はりきるコーナス母さんの〝爆笑ボクシング〟

スウェーデンの絵はがき。スウェーデン語で「友情は最高の補助具」と書いてある

はてさて、どんなことが巻きおこるやら…。

そして昔懐かしフォークソングで情緒豊かに…。〝ねっけつ!! あき缶つぶし大会〟

（コーナス通信第30号　1991年11月1日発行）

コーナス通信の紙面にテンションが極まりきった惹句がおどる。話し合いを重ねた結果、コーナスのお母ちゃんたちがボクシングをするというのだ。まったく意味がわからない。残業明けに飲み屋で会議をしたようなテンションだ。しかし、コーナス通信の記録をひもとくと、毎年11月の文化の日が近づいてくると、お母ちゃんたちもスタッフもどこか浮ついた感じになってくるのが見てとれる。バザーとは、それだけハードなイベントだったのだ。コーナスのお母ちゃんたちはそれを振り返ってこう呼ぶ。「地獄のバザー」と。

阿倍野で共に生きよう会の頃（1981年頃）から開催していた「望之門バザー」は、コーナス共生作業所になってからも主要な収入源となる大切なイベントだった。「子どもたちの将来のために少しでも収益を上げたい」という思いから、出店の品目は年々増えていき、エン

望之門バザー

ターテインメント性を増していった。

焼きそば、おでん、ちらし寿司、たこせん、人参ケーキ、クッキー、杵つき餅、飴細工、缶ジュース、缶ビール、ウーロン茶、ラムネ、あてもの、輪投げ、コリントゲーム、供出品の販売等々、飲食物の販売と各種のアトラクションがあり、創作劇やブラスバンド演奏、どじょうすくい、沖縄エイサー、チンドン一座の仮装行列など、会場を盛り上げる出し物が、毎年手を変え品を変え上演された。

運営の中心となったのは、もちろんコーナスのお母ちゃんたち。この日ばかりはお父ちゃんたちも引っ張り出されて、自転車の整理や会場整理の役を与えられた。樋口修一さんの一声で、保育園の職員もみなボランティアに駆り出され、多いときでは120名ほどのスタッフを白岩高子さんが切り盛りしなければならなかった。

あまりの品目の多さに「こんなにやらんでもええやろ」と反対するお母ちゃんたちもいたが、「これも子どものためなんや!」という高子さんの叱咤激励に押し切られることになった。

しかし、お母ちゃんたちの「少しでも楽をしたい」という思いが、業務の効率化に繋がった。どうせやるなら当日になって慌てるような

メンバーたちも手伝います

ことはしたくない。たとえば焼きそばは一日で２００人前を焼きあげる。一枚の鉄板で何人前を焼くか、それに必要な麺の量は何グラムで、キャベツは何グラムか。段取り上手なお母ちゃんがソースの量から豚肉のグラム数まで、きっちり計って事前に準備しておいた。スムーズに焼けるように手順もしっかり詰めておく。焼きながら片付けの段取りも始まっているのだった。こうして焼きあがった焼きそばは、味にむらがなく、一定しておいしい。コーナスの定番商品として人気を博した。高子さんは大まかな計算をするのは得意だが、実は細かな計算は苦手だ。焼きそばの手伝いをしようとしても、なぜかいつも計算が合わず、しまいには「あんたはええから」と他のお母ちゃんに肩を叩かれたのだった。それぞれの得手不得手があり、それぞれに役割があった。

11月3日の本番に向けて、二か月前からお母ちゃんたちの準備ははじまりました。

広報係はお知らせの手紙・チラシ・ポスターなどの文案や印刷にかかります。食べ物係は昨年の売り上げを参考に、今年の販売数を決め、少

バザーの当日はお父ちゃんたちも応援に

しでも安く仕入れられるところを見つけます。コネの利用（いえ、人脈の広さというべきでしょう）や、1円でも安く手に入れようとする情熱は、みあげたもんです。

また、ゲーム係は景品の仕入れ発注と、仕分けに追われます。供出品係は北に出物があると聞けば走り、南につぶれた工場があると聞けば車を繰り出し、何か月も前からアンテナをはっています。とにかくコーナスバザーは、供出品コーナーが一番の呼び物です。

（コーナス通信第104号　1997年11月25日発行）

コーナス通信に書かれたように、バザーの目玉は供出品販売だった。掘り出し物を求めて毎年多くの人が詰めかけた。だから、供出品の収集にも力が入った。いい商品があれば、それだけバザーへの期待が高まり、たくさんの人が来てくれることに繋がるのだった。

バザーの一か月前には供出品の受付が始まる。親たちが当番で望之門保育園に詰めて受付係を担当した。持ち込まれた供出品を引き取り、名簿に名前を書いてもらう。その後、保育園の2階に供出品を運び上げ、品目ごとに分類した。その荷物の重さがつらくもあり、ありがた

焼きそばはコーナス伝統の味

くもあった。

　バザーの前日には、お母ちゃんたちが子どもを連れて保育園に集まり、供出品の値付けなど、最後の準備をした。夕飯の用意はできないから、のり弁当を買ってきたり、ラーメン屋に出前を頼んだりした。子どもたちはほったらかしだったが、のり弁当やラーメンを食べられるとあって、むしろご機嫌だった。

　作業は日付が変わる頃まで続いた。疲労がピークに達すると毎年決まって高子さんと植野淑子さんのケンカが始まるのだった。理由は些細なことで、主語を飛ばして話す淑子さんの物言いが高子さんには理解できず、なんとも癇にさわる。その言葉遣いを正そうとするうちに言い合いになってケンカに発展する。その様子を他のお母ちゃんたちは「ハブとマングースの戦い」と形容した。

　バザーのことを尋ねると、お母ちゃんたちはその準備のつらさを語ってくれる。地獄だったと言いながら、その顔は晴れやかだ。つらいものではあったが、楽しかったのだ。やることがあたりまえの、使命のようなものだった。バザーの準備や終わった後の打ち上げでお母ちゃんどうしが集まると、月一の運営会議では言えないようなことも気兼

誰もが笑顔になる

宣伝効果は抜群

ねなく言えた。社会への不満や子育ての不安だって吐露することができた。バザーがお母ちゃんたちの心を結びつけ、より強く繋げた。一人で子どもの障害と向き合う不安を、コーナスのみんなが癒してくれた。バザーを一番楽しんだのは、お母ちゃんたちだった。だからバザーに来る人々もみんなバザーを楽しんだのだ。

ところで、コーナスのお母ちゃんたちによる「爆笑ボクシング」がどんなものだったかというと、侍や町娘に仮装したお母ちゃんたちが仮設のリングに立ち、ガチンコ勝負を繰り広げるトーナメント方式の戦いだった。着物をまとい、手にはボクシンググローブ。頭にビニールのカツラをつけ、顔に白粉をはたき、頬を真っ赤に塗って紅をさす。リングに立つともう言葉はいらなかった。ただ拳で語ればよかった。

決勝でチョモランマに敗北した大川典子（リングネーム：パトリシア）さんは、その戦いを回想して、「悔しかった」と言った。どこまでも本気だったのだ。

バザーは多い年で70万円ほどの売り上げを叩き出した。その後、1990年代の後半にはフリーマーケットの乱立や百円ショップの隆盛、カタログギフトの登場により供出品販売が振るわなくなり、次第

ボクシングに臨むお母ちゃんたち

にバザーの売り上げは減少していった。２００１年には「地域のためにコーナスに何ができるか」を追求し、「望之門フェスタ」に名を改めて再出発したが、２０１４年の「望之門フェスタファイナル」を最後に、バザーはその歴史に幕を閉じた。

バザーはその記憶と共に伝説となったが、「コーナスメンバーの将来のために」「地域と共に」というバザーにかけた思いは、焼きそば焼きの技術と共に後代に引き継がれている。

コーナス応援団長せっちゃん

コーナスの活動は、コーナスを愛し応援してくれるコーナスファンの力によって支えられてきた。その中でもコーナスのお母ちゃんたちを一番近くで支え続けたのが、「コーナス応援団長」と呼ばれた女傑。「せっちゃん」こと、内山清津子さんだ。

いつもパンツスタイルにサングラス。お酒は飲まないが、偏食がちのヘビースモーカー。身長は低めで声も低い。その風貌は男性的で、主婦には見えなかった。主婦というにはあまりにアバンギャルドだった。

負けられない戦い

大川典子さんは、息子の誠さんが幼少の頃、喫茶店でアルバイトをしていた。その喫茶店の常連がせっちゃんだったのだ。カウンターをはさんで話をするうちに意気投合して、お互いの家を行き来するほどに仲良くなった。典子さんが阿倍野で共に生きよう会に参加するようになると、せっちゃんもついてくるようになった。だから最初は典ちゃん親衛隊長としてやって来て、ついにはコーナス応援団長となったのだ。

せっちゃんは義に厚い人だった。典子さんから作業所の当番のことやバザーの大変さなどについて聞いていたから、最初は白岩髙子さんのことを「典ちゃんをいじめる悪い奴」と思って、つっかかってきた。せっちゃんはいつも本音でぶつかってきたし、髙子さんも本音で返すので、お互いの主張に筋が通っていることがわかれば、ちゃんと仲直りもしたし、せっちゃんはより一層コーナスを応援してくれるようになった。

せっちゃんは障害のある子の親ではなかったし、特に障害者と関わりのある生活をしていたわけではないが、そんなことはどうでもよかった。親友である典ちゃんと、典ちゃんが大切にするコーナスを応援したい。その熱い思いから運営会議にも参加して司会を務めたし、バザーでは阪神タイガースの法被を着て、最初から最後まで焼きそばを焼いてくれた。書道の嗜みがあったので、横断幕に立派な字を書いてくれたりもした。

せっちゃんはおもしろいことを考えるのが得意で、コーナスのお母ちゃんたち一人ひとりにニックネームをつけていった。典ちゃんをいじめている（と思っていた）髙子さんは「西太后」。中国史の三大悪女ともいわれる清朝末期の権力者の名を借用した。会計を務めることが多かった植野淑子さんは「越後屋」。吉川みづほさんは「ビビンチョ」。西岡信子さんは「だっふんだ」。背の高いお母ちゃんは「チョモランマ」。そしてかわいい典ちゃんのことは「パトリシア」や「フランチェスカ」と呼んだ（なぜか「アメマ」というニックネームもつけている）。実は、バザーでの「爆笑ボクシング」を企画したのもせっちゃんで、当日は司会も務めたのだった。

せっちゃんはコーナスのお母ちゃんたちのガス抜きにも付き合ってくれた。明るく笑っているように見えて、その実、笑っていないとだめになってしまいそうなほど、重い障害のある子との毎日は厳しかったのだ。いつ暴れだすかもわからなかったし、世間の目もやさしいも

せっちゃん

のばかりではなかった。重い知的障害があったり、自閉の傾向があると言われたり、てんかん発作を起こして倒れたり。いつそれが起こるのか、どうやったら落ち着いてくれるのか。「子どものことは親ならわかる」などという人もいたが、親にもわからないものはわからないのだった。

月一か二か月に一回、お母ちゃんたちは夜のカラオケに繰り出した。せっちゃんも一緒だ。ステージとミラーボールのある部屋を予約して、衣装もカラオケのために着替えた。ミラーボールの煌めきに照らされて、お母ちゃんたちは歌い、飲み、叫んだ。日頃の鬱憤を吹き飛ばすように、心の底から笑った。この日ばかりは子どもを旦那に任せて、気の向くままに歌い明かした。騒ぎつかれた後は、ファミレスに移動し、コーヒーを飲みながら談笑する。一晩中語り明かし、新聞配達のバイクの音が聞こえてくる頃に家路についた。

せっちゃんがいてくれたことが、どれだけ心の支えになったのか、コーナスのお母ちゃんたちは知っている。コーナスを応援してくれる人のありがたさを、コーナスは知っている。だから、コーナスを訪れる人にはおもてなしをするし、楽しい時間を過ごしてくれることを願っている。

高子さんは常々こう言っている。

「コーナスファンをつくりたいねん」

そのてらいのない言葉と屈託のない笑顔に、コーナスファンへの愛情を感じる。人はそれにコロリとやられて、コーナスファンになってしまうのだ。

第4章

躍動の12年

1993~2005

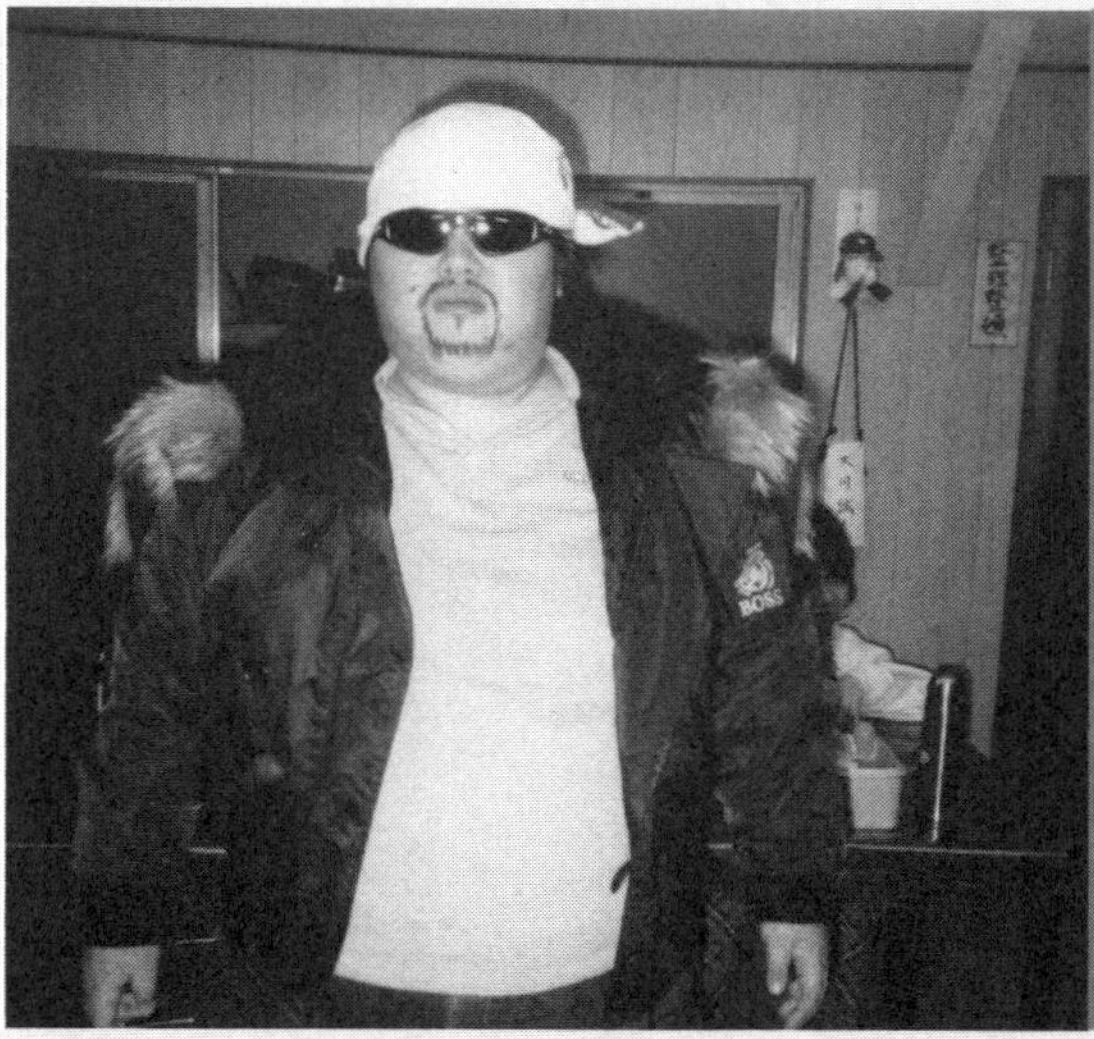

主なできごと

1993年4月　大阪市認可の福祉作業所として活動を開始する
1994年4月　阿倍野区丸山通の文化住宅に移転する
2001年3月　グループホーム「ベイトコーナス」開設（阿倍野区阪南町）
2005年5月　「小規模福祉作業センター・コーナス」に名称変更
阿倍野区共立通の町家に移転する
同所2階に地域交流スペース「NAKA」開設

コーナスの自立と丸山通への移転

1992年より利用者5人からでも大阪市の認可を受けた福祉作業所を開設することができるようになった。認可を受ければ補助金も降りるようになる。さっそくコーナス共生作業所も市の認可を受けるための準備を始めた。

まず、メンバーを5人確保した。大浪さん、西岡さんの2人に加え、新たに3人のメンバーを迎えた。植野淑子さんの息子の康幸さんと、ご近所の女性、そして白岩直子さん。直子さんは中学を卒業したばかりの15歳だったが、高等部に行けば事業所の認可が3年遅れるからとメンバーに加わったのだ。

コーナス通信第29号（1991年10月1日発行）には、大浪さん、西岡さん、植野さん、白岩さん、4人のお母ちゃんが、大阪市役所の障害福祉課を訪問し、作業所の補助金制度について説明を受けたことが記されている。代表者が一人行くのではなく、みんなで行くのがコーナスのお母ちゃんたちらしい。認可への意欲の表れのようにも見えるし、コーナスの新たな出発に向けて一人ひとりに自覚をもたせるため

白岩直子さんと植野康幸さんが加入

のようにも見える。

その後、補助金申請の説明会に出席し、各種の申請書類をとりまとめ、大阪精神薄弱者育成会（現・大阪手をつなぐ育成会）に提出。晴れて認可を受けることとなった。

書類に不備があったりして、何度か出し直しをしたこともあったようだが、阿倍野教会や阿望仔の助力もあり、なんとか書類を整えることができたようだ。なんといっても社会福祉法人をつくった人たちが助言してくれるのだから、これほど心強いものはなかった。

阿倍野で共に生きよう会が発足した1981年から12年、コーナス共生作業所が自主運営を始めた1989年から3年の歳月を経て、1992年9月、コーナスは大阪市の認可福祉作業所として活動を始めたのだった。しかし、ご近所の女性は半年足らずで来なくなった。

コーナスは、さらに自立の道を歩み始める。これまで無償で借りていたマナ乳児保育園の3階の一室を出て、新たな場所に作業所を構えることになったのだ。阿倍野教会と望之門保育園からの支援は依然として手厚いものだったが、それに甘えてばかりもいられない。どんなに重い障害があっても、あたりまえに地域で生きる。そのための次の一歩をコーナスは歩み始めたのだった。

障害者施設と聞くと貸してくれない不動産業者もあったが、幸いにも理解のある家主と巡りあい、望之門保育園からほど近い阿倍野区丸山通の文化住宅の1階を借りることができた。

そこはかつて倉庫として使われていたコンクリート打ちっぱなしの空間だった。これまでに貯蓄していた資金をいくらか使い、作業所へと改装した。メインの作業場となる部屋と台所、奥の院と呼ばれたロッカールームにトイレが一つ。狭いものの、作業所としての要件は十分満たしていた。

1993年4月、支援学校高等部を卒業した大川誠さんを迎え、本当のスタートが、狭い路地に囲まれた町中の文化住宅から始まったのだった。

作業所ゆうれい

その作業所には誰かがいるのだった。

当時、鍵開け当番というのがあって、毎朝お母ちゃんたちが交替で

丸山通の作業所

作業所の鍵を開けていた。その日の当番は大川典子さんで、息子の誠さんを連れて作業所にやってきた。鍵を開けると、もちろんまだ誰もいない。みんなが来るまでに掃除をしよう。そう思って床に掃除機をかけ始めた。何の気なしにトイレの方を見ると、トイレの扉の隙間から誰かの靴先が見える。誠さんが入っているのかと思い、周囲を見回してみると、誠さんは作業所の入口のところにいる。再びトイレの方を見ると、そこには誰もいなかった。

またある日のこと、作業所には典子さんと誠さん、吉川みづほさんの娘の真美さんと、せっちゃんがいた。みづほさんが真美さんを迎えに来るのが遅くなるというので、典子さんとせっちゃんが真美さんを見ていた。

作業所の入口はすりガラスで、前を人が通るとその影が見える。しばらく待っていると、すりガラスの向こうから人がやってくる影が見えた。その影はだんだんと大きくなって、入口の前で靴を脱ぐように屈んだのだった。

「真美ちゃん、お母ちゃん来たで」

そう言ってみたものの、その人影は中に入ってこない。おかしいと思って扉を開けてみると、そこには誰もいなかった。

そういう話がいくつもあった。

その日は作業所のメンバーがどこかに出かけていて、たまたま白岩高子さんと、植野康幸さんが二人で留守番をしていた。康幸さんは発語がない。二人で静かに過ごしていると、ざわざわと誰かが話している声が聞こえてきた。メンバーが帰ってきたのかと思ったが、誰も帰ってきた様子はない。それなのにざわざわと話し声が聞こえてくる。その声は確かに部屋の中から聞こえてくるのだった。

ある日、高子さんが作業所にやってくると、スタッフの一人が入口の前に佇んでいる。

「なんで中に入らへんの?」

そう尋ねると、彼女は青ざめた顔で答えた。

「怖くて入れないんです。なんか、いてるんです」

どうもおかしいということで、近所の人に聞いてみたところ、作業所のある場所はかつての防空壕の跡地で、そこでは何人かの人が亡くなったのだという。丸山通の近辺は、戦時に空襲の被害があった場所で、阿倍野教会も空襲で焼け落ちたというから、信憑性のない話ではない。

それからというもの、コーナスでは毎年お盆とお正月に慰霊を行うようになった。

不思議なことに、丸山通の作業所では事故が起きたり、不幸なことが起こったりするようなことはまったくなかった。きっと慰められた霊たちが、コーナスのみんなを見守っていてくれたのだろう。

この土地に刻まれた記憶の話。

十年先を見る人と明日を見る人

当時のコーナスの主な日中活動は、他の多くの小規模福祉作業所と同じく、内職だった。

コーナスの内職への取り組みは、マナ乳児保育園の3階で自主運営を始めた1989年に遡る。その年の9月頃、研修に訪れた西淡路希望の家の紹介で内職に取り組み始めたことが、コーナス通信に記されている。同年11月には、大阪府内職斡旋所からタオルの袋詰め作業を受注している。以降、さまざまな内職に挑戦したようだ。

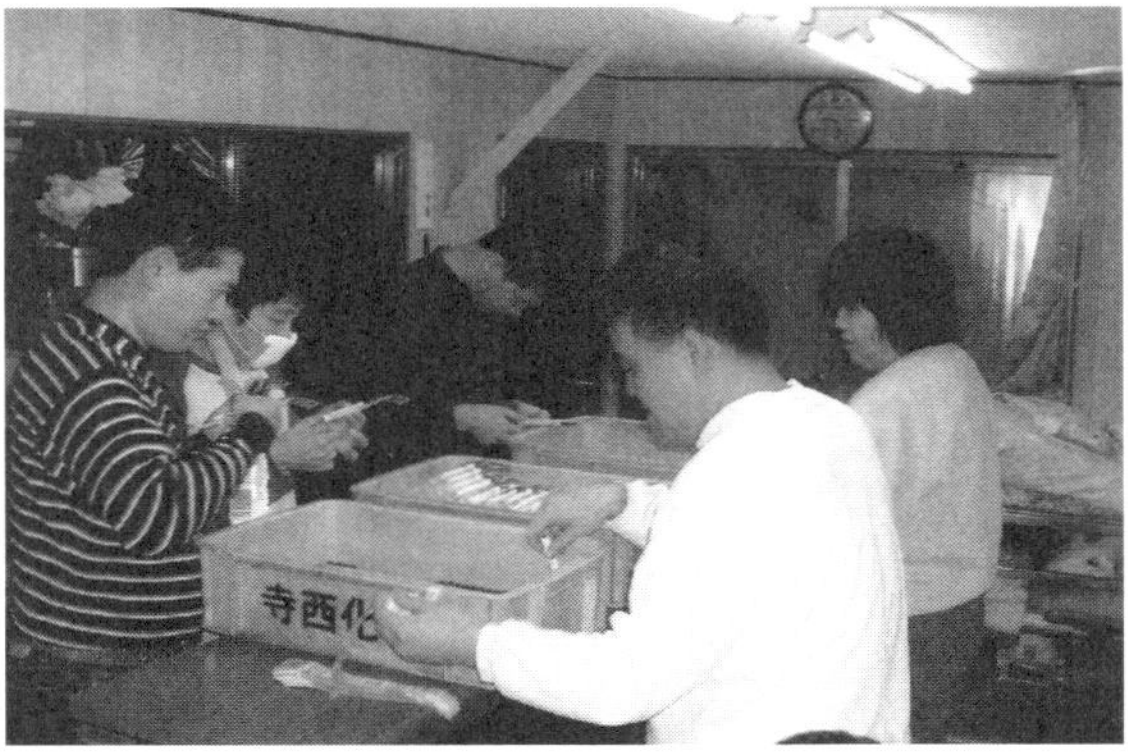

内職に取り組むメンバーたち

割り箸の袋詰め、ネジクギ袋詰め、傘釘の組み立て、手ぬぐい折り、紙風船の袋詰め、すだれ掛けの留め金具の組み立て、カーシェイドの袋詰め、ジュースのおまけの袋詰め、蚊取り線香のアクリル貼り、箱の組み立て、植木給水器具の組み立て等々。

その中でもコーナスと縁が深かったのは、傘釘の組み立てだ。それは、波板を留める波板ビスとも呼ばれるもので、傘のついたビスにパッキンという留め具を回し入れて一組にする作業だった。一つ組み立てて、43銭。単調な作業を延々と繰り返す根気のいる作業だった。

細かな作業が得意で熱心に内職に取り組むメンバーもいたが、少しすると興味を失って眠ってしまうメンバーや、じっとしていることができなくて、ふらっとどこかへ漂っていくメンバーもいた。ほとんどの場合、メンバーだけでは片付かないから、スタッフや当番で作業所に出ていたお母ちゃんたちが、納期に追われながら作業した。ピンチのときは、当番でないお母ちゃんも呼び出したほどだった。それでも収入は月に1万5千円程度。「ぢっと手を見る」ような心境だ。

コーナス通信には、たびたびスタッフたちの悩みが綴られている。じっとしているのが苦手なメンバーたちに内職は合っていないのでは

牛乳パックを加工する

ないだろうか。もっと身体を動かすような作業はないだろうか。そう思いつつも、内職の依頼があると、断れないのだった。内職が受注できるかどうかは不安定だった。他の作業所も内職を必要としており、仕事の取り合いのような状況だった。断れば次はもらえないかもしれない。斡旋所の印象を悪くしないためにも、無理を引き受け、品質を保ち、納期を守った。ただ、わずかな収入からでも、いくばくかのお給金をメンバーに支給できることがうれしかった。

白岩高子さんも悩んでいた。メンバーは仕事を選ぶことができない。あてがわれた内職も個性を出していいものではなかった。これは彼らの自由を奪っているのではないか。高子さんは、スウェーデンで働く障害者の姿を見ていた。コーナスの状況はあまりにも違った。

他のお母ちゃんたちは、仕事があるだけでもありがたかった。内職の手伝いは大変ではあったが、地域に子どもの働く場所があって、そこに仕事がある。それがうれしかった。

高子さんは常に十年先を見ていた。保育士として働きながら、これからの福祉がどうなっていくのかを見据えていたからだ。他のお母ちゃんたちにとっては、今日どうするか、明日なにをするかが大事だった。

狭いながらも楽しい作業所

当番でコーナスに入り、メンバーと共に一日一日を過ごすことで精一杯だった。どちらも必要なことだった。十年先を見るためには、コーナスの日々が地に足の着いたものでなくてはならなかった。見ているところが違っても、めざす場所は同じだった。「どんなに重い障害があっても、地域であたりまえに暮らす」。

いずれコーナスは、アート活動へと大きく舵を切る。その背景には内職に明け暮れた十数年の歳月があったのだ。

コーナスクッキー

コーナスを訪れると、いつもクッキーを焼く馥郁《ふくいく》たる香りに出迎えられる。取材に来たというのに、頭の中は「おもてなし」で出されるお茶とクッキーのことでいっぱいだ。

コーナスクッキーはコーナスを代表する人気商品だ。小麦粉とバターと砂糖と卵。厳選された素材だけでつくられたシンプルな無添加クッキー。余計なものは何一つ入っていない。その香りを愉しみながら口にふくむと、ザクザクと歯ごたえがあって、ほのかな甘みがやさ

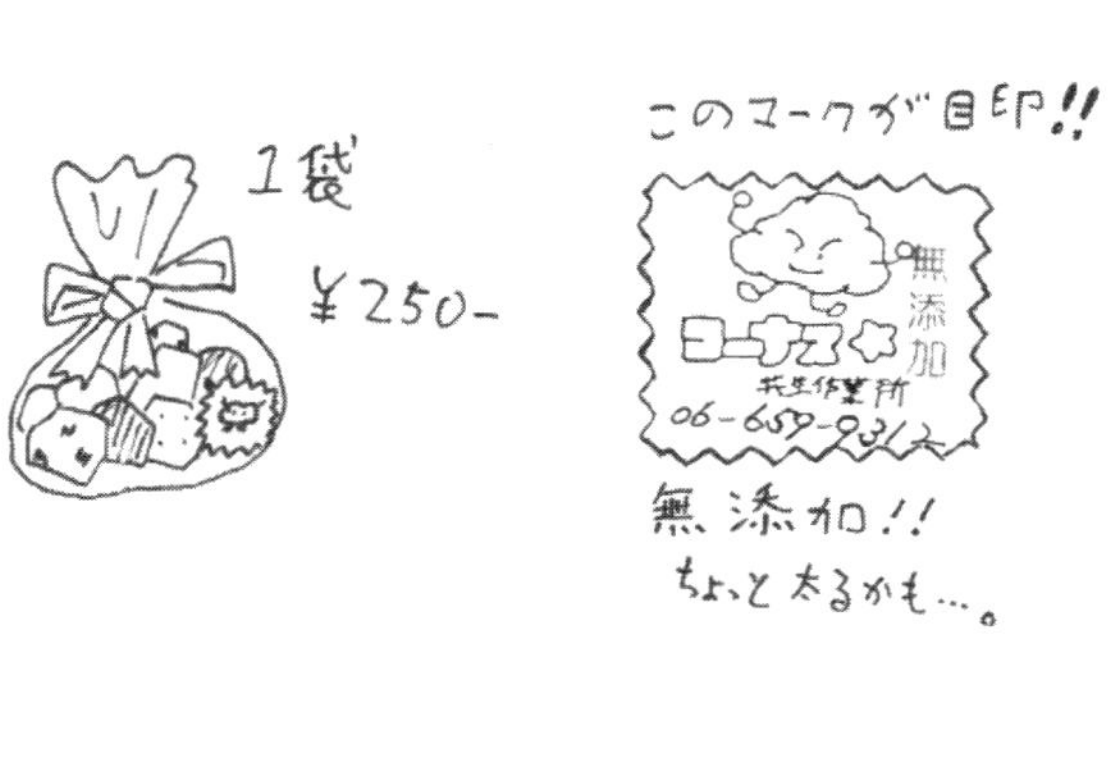

1997年当時のコーナスクッキー（コーナス通信第96号より）

しく口の中にひろがる。後を引くおいしさで何枚でも食べられる。6枚入りで300円。気軽に買えて気軽に食べられる。お土産にいくつか買って帰ろうとしても、その気軽さによるものか、家に帰り着くまでにお腹の中に消えてしまうことがある。まるで魔法のようだ。

コーナス通信にクッキーが初めて登場するのは、1990年7月1日発行の第14号だ。白岩高子さんが、コーナスとのぞみクラブのメンバーと共にクッキーをつくったことが記されている。この頃からクッキーの商品化を考えていたのだろうか。同年7月20日には、望之門保育園でコーナスの手作り商品（クッキー、パン粉、ゴキブリだんご）の販売を行っている。

保育園での手作り商品販売は定例となり、毎月第三金曜日にコーナスのお母ちゃんたちが交替で売り子を務めて販売した。時間は午後4時30分から5時30分まで。子どもを迎えにくる母親たちがターゲットだった。

コーナスのお母ちゃんたちに当時のことを尋ねると、「当番がつらかった」と口を揃える。

「売れるまで帰れないんですよ。いつも買ってくれる人もいたし、

コーナスクッキー

保育園の職員さんも買ってくれて、予約してくださることもあったんです。それでも売れ残ることはあって、そういうときはもう6時でやめようと。残りを自腹で買って誰かにあげたりしてましたね」

売り子当番には高子さんも入った。当時、高子さんは望之門保育園で保育士として働くコーナスの顔役だった。だから高子さんが売り子に入った日は飛ぶような勢いで商品が売れた。保育園に子どもを預ける母親も保育園の職員たちもみな、高子さんのお世話になっているのだから当然だった。

その様子を見て、他のお母ちゃんたちは、ありがたくもなんだか腑に落ちないような気持ちになったということだ。

コーナスのお母ちゃんたちがつくったコーナスクッキーは、一時はメンバーたちの日中活動に取り入れられたりもしながら長く受け継がれ、今ではコーナスの「お父ちゃん」こと白岩郁雄さんがその味を守っている。

コーナスが地域の人々に愛されるようにと真心こめてつくられたクッキーの味は、さまざまな思い出と共に、いつしか地域の味となったのだった。

クッキーのラベル貼り

コーナスを救ったオリジナル商品

コーナスは、コーナスクッキーの他にもさまざまなオリジナル商品の開発に取り組んできた。大阪市からの補助金は、ほとんどが人件費と家賃の支払いで飛んでいくものだったので、定期的な収入源というものが必要だった。内職は不安定で、不況の波の煽りを受けると、数か月も受注がないこともあった。そんなときには、クッキー作業や他のオリジナル商品の製作作業がコーナスを完全なる失業状態から救い出し、収入をもたらしたのだった。

中でも特に人気だったのはゴキブリ退治のホウ酸だんご、通称「ゴキブリだんご」だった。その歴史は長く、1990年8月1日発行のコーナス通信（第15号）に、ゴキブリだんごづくりに挑戦したことが記されている。

すりおろした玉ねぎに牛乳と砂糖、小麦粉、ホウ酸を加えて混ぜ合わせ、よく練りこむ。それを直径2センチぐらいの大きさに丸めて、干して乾燥させると完成だ。

手近なものでつくれるのだが、だんごを家で干していると、とんで

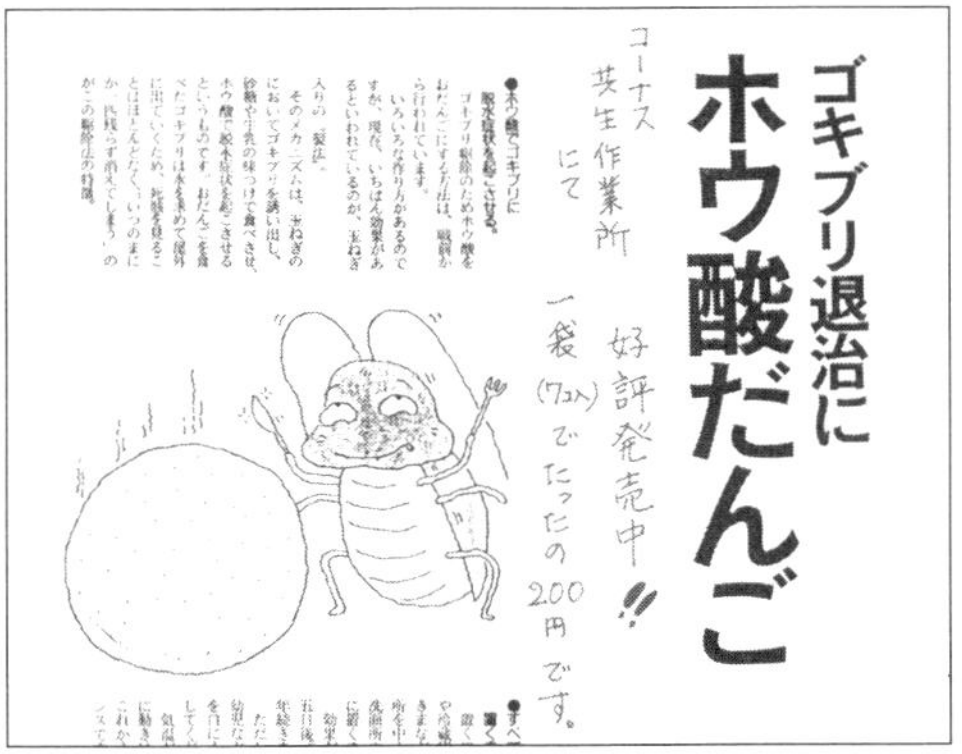

ゴキブリだんご（コーナス通信第35号より）

もない匂いが部屋中に充満し、いつまで経っても消えてくれない。これはかなわないと思ったお母ちゃんたちが、材料を作業所に持ち込んでゴキブリだんごをつくるので、今度は作業所が幻惑的な匂いに包まれる。いつしかコーナスの関係者は、ゴキブリだんごの香りに季節を感じるようになった。

毎年一人1kgのゴキブリだんごを製作するのが、各お母ちゃんたちのノルマだった。ゴキブリだんごづくりの時期には目眩《めくるめ》く匂いに包まれるため、お母ちゃんたちの家ではゴキブリが出なかったという。

ゴキブリだんごは瞬く間に人気商品となり、販売されるとなるとコーナス通信に告知の記事が掲載された。そこにはとてもいやらしい顔をしたゴキブリのイラストが掲載されている。ナイフとフォークを手に、恍惚とした表情を浮かべるゴキブリ。その広告効果は抜群であっただろう。

1999年には、コーナス特製マットの製作に取り組んでいる。靴下の切れ端を編み上げてマットに仕上げるというものだった。材料は杭全《くまた》（大阪市東住吉区）にある靴下工場からいただいた。靴下の製造工程の中でできるリング状の裁ち落としは、本来は不要なものとして捨てられるものだったのだ。

ゴキブリになった西岡弘治さん（コーナス通信第98号より）

マット製作には、コーナスのメンバーたちも取り組んだ。ときには内職の手を止めてマット製作に注力しなければならないほどの人気商品になった。予約注文を受けることもあったし、一般小売店で販売されたこともあった。

2000年6月22日発行のコーナス通信（第135号）には、同業者が増えて靴下工場から材料をもらえなくなったことが記されている。タウンページで靴下工場を探し、靴下の裁ち落としがないか、連絡して調べている。大阪、兵庫、さらには奈良まで。そうまでするほどコーナス特製マットの存在は大きかったのだろう。

コーナス通信から読み取れるオリジナル商品への取り組みは、ごく一部のものである。コーナスのお母ちゃんたちと指導員たちは、あれがいいと聞けば試し、これがいいと聞けばつくってみてを繰り返してきた。とりあえず、「なんでもやってみよう」なのだ。明確な勝算なんてありはしない。やってみて、うまくいけばめっけもん。うまくいかなければそのとき考えよう。それを繰り返して残ったものが、クッキーだったり、ゴキブリだんごだったり、特製マットだったりしたわけだ。数撃ちゃ当たるを地で行くコーナスなのであった。

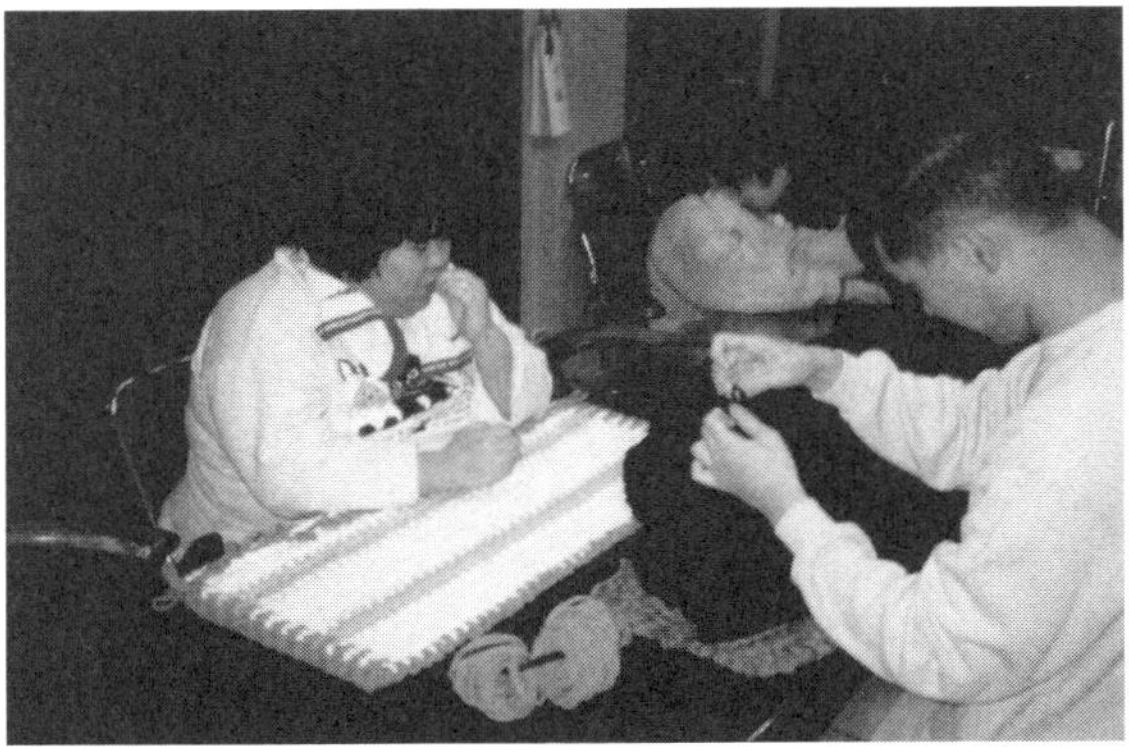
コーナス特製マットの製作

愛のマッスル指導員

歴代コーナススタッフの経歴はさまざまだ。小さな作業所で給料を多くは出せなかったから、大学で福祉を専門的に学んできたような人材は望むべくもなかった。スタッフの募集をかけると、異業種からの転職者の応募がほとんどだった。応募があれば面接を行い、福祉の経験や知識がなくても人柄がいいと思えば採用した。重視したのは経歴ではなく、「そこに愛はあるんか」ということ。愛をもってメンバーと接してくれるかどうかが一番の問題だった。

1994年10月、その男がやってきた。その大いなる愛と筋肉でコーナスのお母ちゃんたちの記憶に深く刻まれることとなった伝説の指導員。「和田くん」こと、和田守弘さんである。

長く伸ばした髪。日に焼けた褐色の肌。タンクトップからのぞくアマレスで熟らした逞しい肉体。ジーンズショップ勤務。毎日ジーパンの入った重いパッキンを運ぶうちに取り返しのつかないほど強靭な身体になったという男。和田くんの登場は、おもしろ人材の集まるコーナスに、さらに豊かな色を加えていった。

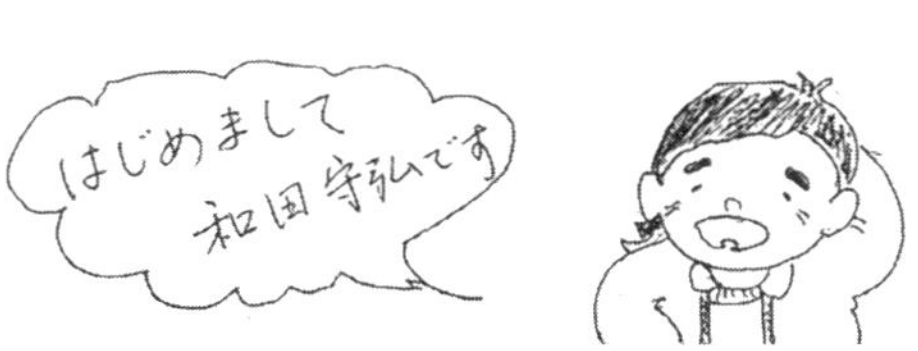

和田くんの初登場（コーナス通信第68号より）

和田くんは福祉の経験も知識もなかったから、メンバーと向き合うときは、いつもまるごしだった。真正面から向き合ってその肉体でメンバーを受け止めた。すぐにコーナスに溶け込んで、まるで兄のようにメンバーと接した。その様子は、群れの大将のようだった。

そもそも和田くんは障害者と健常者を区別するようなことはしなかった。ノーマライゼーションだったのだ。メンバーとはただ人として向き合い、障害があるからといってメンバーを甘やかすこともなかった。人としていいことは「いい」とほめ、だめなことは「だめ」と諭した。

植野淑子さんが当番でコーナスにやってきたある日のこと。その日の昼食はカレーで、食べるのが大好きなメンバーたちは、カレーのおかわりを求めていた。和田くんは、差し出されたお皿の中に食べ残しがあると、「ちゃんと全部食べないと、おかわりさしたげへん」とたしなめていた。どうやら「ご飯を残したままルーだけおかわりするのは禁止」というルールがあるらしい。他にも「ふりかけをご飯にドバっとかけてはいけない」など、食卓でのルールがあったようだ。

どこに行ってもその場のルールがある。レストランにはレストランの、公園には公園のルールがある。そこに障害のあるなしは関係ない。

和田くん

メンバーがどこに行ってもその場のルールを守って楽しく過ごせるように、和田くんは日頃から言い聞かせていたのだった。人としてあたりまえに守るべきことをちゃんと守れるように。

和田くんはメンバーの服装にうるさかった。メンバーが着古したジャージやスウェット姿で作業所に通ってくることを好まなかったし、ジャージ姿のメンバーを連れて外出することも嫌がった。その代わりに、スマートにジーパンを履きこなすよう指導した。ときにはメンバーと一緒にジーンズショップに行き、それぞれに合うジーパンを買い求めたりもした。

それにはお母ちゃんたちもハッとさせられた。どうせ汚れるからとジャージを着せているうちに、「もうジャージでいいやん」というような意識になっていた。障害があるということから、無意識のうちになおざりにしてしまっていることがあることに気づかされた。

ジーパンでスマートにキメたメンバーたちを、和田くんはいろんなところに連れていき、いろんな体験をさせてくれた。障害があることを理由に、親たちが体験させていなかったことも、和田くんは体験させてくれた。和田くんにとっては、「障害がある」はやらない理由に

みんなジーパン

はならなかったからだ。和田くんが障害で人を判断するような人ではなかったから、メンバーたちは和田くんを信頼したし、お母ちゃんたちも和田くんを愛した。

そんな和田くんを白岩高子さんは一度だけ本気で叱ったことがある。

ある日、高子さんが作業所に向かって歩いていると、何か大きなものを運んでいる一団に出くわした。それは、和田くんと作業所のメンバーたちだった。運んでいるものはフィギュアの展示ケース。和田くんは趣味でフィギュアを集めていて、作業所にもたくさんのフィギュアを持ち込んで場で見つけた几帳面に並べて飾っていた。フィギュアの展示ケースをごみ捨て場で見つけた和田くんが、メンバー数人に担がせて、作業所へと運ぼうとしているところだったのだ。

「あんた、なんちゅうことしてんねん！」と高子さんは怒鳴りつけた。

「自分の趣味のためにこの子ら使わんといて！」

ひるがえってみると、自分の趣味のためにメンバーを利用すること以外は、許されていたのだった。作業所内にフィギュアを持ち込んで飾ることも許されていたし、バリバリのハード・ロックをかけてみたり、壁に派手なポスターを貼ったりするのも許されていた。メンバー

和田くんのしわざ？

に着ぐるみをかぶせてみたり、顔に落書きしてみたり、じゃれるようにプロレス技をかけることも許されていた。そこに愛があったからだった。和田くんもメンバーも笑っていた。和田くんの破天荒な行動の裏には、メンバーたちと共に明るく楽しい作業所をつくろうという思いがあった。それをお母ちゃんたちはわかっていたから許したのだった。

10年間の勤務を経て、和田くんは退職した。家業を継ぐためだった。和田くんがコーナスで体現したノーマライゼーションの姿は、お母ちゃんたちの心に深く刻まれている。お母ちゃんたちは今でも和田くんを深く愛しており、連絡はしてもなかなかコーナスに顔を見せに来ることがない和田くんのことを恨めしく思っている。

「誰かの葬式のときにしか、顔出さへんねん」と言いながら、笑うお母ちゃんたち。せめて誰かの葬式以外のときに、顔を見せに来ていただきたいものである。

みんなで行けば怖くない

旅行には、みんなで行くのがコーナスだ。作業所のメンバーと、スタッフ、お母ちゃんたちも一緒になって、ハイキングにキャンプに温泉に、とにかくたくさんの旅をした。

お母ちゃんたちは、みんな旅行が好きだったかといえばそうでもない。家にいるのが好きなお母ちゃんもいれば、外出先で目立ってしまうのが嫌で、子どもを連れて旅行に行くのを控えているお母ちゃんもいた。

それでもみんなで行けば怖くなかった。みんな重い障害のある子をもつ親たちだった。子どもが声をあげたりして、周りの人から奇異の目を向けられたとしても、仲間がいると思えばへっちゃらだった。

行き先は、都市部から離れた山の中を選ぶことが多かった。森林公園やすらぎ村（奈良県吉野郡下市町）や牛滝温泉いよやかの郷（大阪府岸和田市）、高槻森林観光センター（大阪府高槻市）はおなじみの旅行先だった。そこならメンバーがどんなに大きな声を出しても周りを気にする必要はないし、思いっきり走り回ることもできた。じっとしていられないメンバーたちにとっては、旅に出ずにいられなかった。狭い作業所にこもってばかりでは、内に抱えたものをうまく発散することもできなかったのだ。メンバーたちはおでかけが大好きで、旅先では思いのままに声をだし、駆け回った。

旅行はみんなで

どんなことでも全力で楽しむのがコーナスのお母ちゃんたちだ。旅先では子どもたち以上に遊びはしゃいだ。ぶどう狩りに行ったときには、持ち帰り禁止のぶどうを車いすのメンバーのひざ掛けの中に忍ばせて持ち帰ろうとしたこともあった。

コーナスのアルバムを開くと、旅先で相撲をとるお母ちゃんたちの写真がたくさん出てくる。大自然の中に立つと、なぜか戦いが始まるのだった。その取り組みぶりはみごとで、みんなしっかりと腰が入っている。肉体と肉体の語らいだ。力士が二人向かい合えば、そこは土俵になるのだ。

大自然の中ではみな開放的になる。美杉ビレッジ（三重県津市美杉村）へキャンプに出かけたときなどは、開放的になりすぎて、ふと目を離している間にメンバーの西岡弘治さんが、行方不明になってしまったこともあった。そのときは同行していた村山盛忠牧師が暗い森の中を捜し歩き、木々の間を漂っていた弘治さんを見つけ出してくれた。深い森の暗闇を恐れる様子もない弘治さんの姿を見て、みなほっと胸をなでおろしたのだった。

真剣勝負

旅先ではたくさんの事件があって、どの旅もそれぞれに思い出深い。その中でもお母ちゃんたちにとってひときわ印象深いのは、１９９８年７月、コーナス創立10周年記念と銘打った北海道標茶町交流の旅だ。広大な釧路湿原を有する標茶町は、障害者の受け入れを積極的に行っている町だった。望之門保育園の学童クラブが標茶町でキャンプを張ったことで縁ができ、コーナスも招かれることになったのだ。

作業所のメンバーとスタッフ、家族含めて総勢17人、３泊４日の旅。事前に白岩一家が下見旅行を行ったほどの念の入りようだった。

空港では、標茶町の人々の歓迎を受け、牛や馬、エゾシカの姿を車窓に眺めつつ宿へと向かった。憩の家かや沼では露天風呂を満喫。くしろ湿原ノロッコ号に乗って霧雨の湿原の中を走り、塘路湖では、ゴキブリだんごづくりで鳴らした腕でまりもづくりに挑戦した。霧の摩周湖に涙を流し、標茶町主催のウェルカムパーティーでは、地元の人でも食べられないようなラム肉を堪能した。標茶町の人々はみな親切で、車いすのメンバーを抱っこしてボートに乗せてくれたり、学生のボランティアが熱心にメンバーと関わってくれた。

それは、宿への移動中に起こった。コーナス一行が乗車していたバ

くしろ湿原ノロッコ号

スが、対向車を避けて左へハンドルを切った際に、路肩のぬかるみにはまって動けなくなってしまったのだった。車体は左側へ傾いたまま制止していた。助けを呼んで牽引してもらったものの、抜け出すどころか車体はより深くはまってしまった。動ける人から窓や非常ドアを通って車外に抜け出したのだが、一気に人が減って車内の重量バランスが崩れると、バスが転倒してしまう恐れがあった。重量級のメンバーは複数いたが、その中でも特に重かった吉川真美さんを重石のように車内に残して、他のメンバーは脱出した。そしていよいよ真美さんが傾きとは反対の右側の窓から脱出するというときに、窓の外にいた和田くんに向かって、吉川みづほさんが叫んだのだった。

「真美を受け止めて！」

緊迫の瞬間だったが、和田くんは冷静だった。

「それはむり」

真美さんは、今ではとてもスリムだが、当時は130kgあった。いかに強靭なマッチョボディをもつ和田くんでも、空から降ってくる130kgに耐えられる保証はなかったのだ。

これは後に「真美を受け止めて事件」と呼ばれた。場合によっては

バスはここからさらに傾く

笑えない話になっていたかもしれない事件だが、大事には至らず旅は続いた。異常に暑い夏で、次の目的地まで灼熱の北海道を歩くはめになったのだが、釧路の漁師小屋でキンキンに冷えた地ビールを飲めば、お母ちゃんたちはたちまちごきげん。どんな事件も笑い話になってしまうのだった。

お母ちゃん、グループホームをつくる

グループホームの設立は、コーナスのお母ちゃんたちにとっての悲願だった。障害のある子の「親なき後」問題は、いつの時代も変わらずあり、現代よりも選択肢の少なかった１９９０年当時ではより深刻な問題でもあった。

コーナス共生作業所が、まだ自主運営を行っていた１９９１年10月のコーナス通信（第29号）に、グループホームへの思いが綴られている。

障害を持つ人たちが、地域で孤立するのではなく、多くの市民と交流でき、人間らしく暮らせることを願って、グループホームのことも考え

北海道よりでっかい真美さん

ています。

これには、白岩高子さんの意志が強く反映されている。高子さんは、スウェーデンで重度の障害者が暮らすグループホームを見学していた。「こんなホームをつくりたい」と、刺激を受けていたのだ。その一方で、他のお母ちゃんたちはというと、作業所の当番に明け暮れる日々で、とにかく高子さんの後についていくだけで精一杯だったという。

研修があれば出かけて行って、グループホームの設立や運営について学び、不動産屋を巡っては物件情報や相場をチェックした。1993年の通信（第55号）では、さまざまな物件にあたったものの、資金不足で頭金にも満たなかったことが記されている。それでもめげずに情報収集と資金づくりに奔走した。

とあるグループホームに見学に行ったときのこと。コーナスの西岡弘治さんや白岩直子さんの障害を知るグループホームの運営者からこんなことを言われた。

「弘ちゃんと直ちゃんがグループホームで暮らせるわけないやん。そんな重度の人をグループホームに入れるなんて考えられへんわ」

その日、高子さんは見学に同行した植野淑子さん、大川典子さんと共にやけ酒を飲んだ。悔しくて悔しくてしかたがなかった。その怒りが闘志に火をつけた。

「絶対グループホームつくるで！」と高子さんは叫んだ。

どんなに重い障害があっても排除されないようなホームをつくろう。自分たちでつくればいい。重い障害の子は見られないと言うようなスタッフを雇わなければいい。どんな子でも一緒にいてくれる、難しい子のけったいな行動も一緒になっておもしろがってくれる、そんなスタッフを雇えばいい。

この夜の悔しさと誓いを、お母ちゃんたちは今も覚えている。

１９９６年６月、早川福祉会館（大阪市東住吉区）で開かれた講演会「グループホームの作り方」にお母ちゃんたちは出かけて行った。大阪でグループホームを運営する３人の講師が、どういう経緯でグループホームを建てたのか、その生活はどのようなものかを語り聞かせるものだった。そこで知ったグループホームの現実は、高子さんが理想とするスウェーデンのものとはかけ離れたものだったが、ごちゃごちゃと人がぶつかり合いながらみんなでつくっている「ごった煮」のようなグループホームの姿に、スウェーデンとは異なる魅力を感じたという。これを機に、コーナスのグループホーム設立に向けた活動もより具体的なものとなっていった。

1999年3月、親切な家主の方に巡りあい、2DKのマンションの一室を借りることができた。丸山通の作業所から歩いて10分程度の距離にある新築マンションの1階だった。グループホームにするには手狭だったが、お母ちゃんたちはここを「自立生活体験ルーム」とした。

自立生活体験ルームでは、毎週1回、コーナスのメンバーが親元を離れて生活した。全員が泊まれる広さはないから、男性メンバーと女性メンバーが週替わりで利用した。世話人は、お母ちゃんたちが交替で務めるとともに、メンバーの兄弟姉妹や友人、知人など、あらゆるコネクションを利用してボランティアをかき集めた。メンバーたちは、週1回という気軽さがよかったのか、たまの外泊を旅行気分で楽しんでいたようだ。

2000年4月、ついにグループホームの要件を満たす一戸建ての物件が見つかった。コーナス通信に掲載した物件情報募集の記事を読んだ読者の方から、理解のある不動産業者を紹介してもらい、物件巡りをしていたところだった。阿倍野区阪南町にあるその物件は、丸山通の作業所から車で10分もかからない。お母ちゃんたちがワゴン車を何度も往復させて荷物を運びこみ、生活環境を整えていった。

大阪市の認可を受けるまでには時間がかかったが、社会福祉法人阿望仔の支援もあり、2001年3月に晴れて認可を受けることができた。グループホームの門出を祝い、阿倍野教会の村山盛忠牧師が「ベイトコーナス」と名付けてくれた。「ベイト」とは、ヘブル語でもアラム語でも「家」という意味だ。その言葉に込められた思いを村山牧師はこう綴っている。

いろいろの人々の集う場、これが〈ベイト〉です。そこには、性別、民族、貧富の線引はありません。人の集まるところには、必ず問題が絶えません。でも〈ベイト〉は、人々が出会う場でもありますし、憩う場でもあります。

今後のグループホーム「ベイトコーナス」の上に、豊かな祝福がありますように、心から願っています。

（コーナス通信第145号　2001年4月26日発行）

ベイトコーナス

グループホームと親心

グループホームができたからといって、お母ちゃんたちの生活が楽になったかといえば、そうでもなかった。コーナスが新しいことを始めるときはいつも、最初から完璧なものなんて求めていない。やってみて、問題があればその都度考えるのがコーナス流。ベイトコーナスの始まりも、ないないづくしの始まりだった。

そもそもスタッフが足りなかった。植野康幸さん、大川誠さん、白岩直子さん、吉川真美さん、4人の入居者に対して、雇用した世話人は1人だけ。それではどうにも手が足りなかったから、お母ちゃんたちが交替で入ってサポートを務めた。メンバーたちは、平日はベイトコーナスから作業所へ通い、土日は自宅に帰って生活していた。平日の5日間を4人のお母ちゃんでサポートしなければいけなかったから、毎週必ず1回は当番が回ってくる。自分の子どもを見るだけでも大変なのに、週に1回は4人を見なければならなかった。

自分が当番でない日には、ゆっくり家でくつろいでいられたかというと、そういうわけにもいかなかった。子どもが機嫌よく暮らしているか、大きな声を出して、ご近所に迷惑をかけたりしていないか、気が気でなかった。今にもベイトコーナスから呼び出しの電話がかかってくるような気がして、落ち着いていられない日々がしばらく続いた。

ベイトコーナス開設の初日の夜のことである。メンバー4人と世話人と当番の白岩高子さんが夕食を食べていると、そこに娘の真美さんを心配した吉川みづほさんがやってきた。その手に2ℓのコーラボトルと500㎖のアイスクリームを提げている。

「吉川さん、どうしたん?」

と、高子さんが聞くと、みづほさんは切迫した様子で言った。

「真美な、お風呂あがりにこれがないとあかんねん!」

「なんでやねん、そんなことしたらグループホームで暮らす意味ないやろ!」

と、高子さんに叱られて、みづほさんは帰っていったが、そのくらい子どものいない夜というのは、障害のある子をもつ親にとって尋常でないものだったのだ。

子どものいない生活は、お母ちゃんそれぞれに程度の差はあれど、さまざまな変化をもたらした。

大川典子さんはある日の夕方5時、あべの筋を歩いていた。これまでなら作業所に子どもを迎えに行く時間だった。グループホームができてその必要がなくなると、空いた時間を完全にもてあますようになってしまった。誰に咎められることもないのに、妙な罪悪感に苛まれ、「こんなことしてていいんやろか」と不安になってくる。家にいてもじっとしているだけで、なんにもする気が起こらない。考えてみれば、これまでずっと息子と一緒だったから、時間の使い方を考えることすらなかった。どこにも行かず、ただ家にいて、我が子が暴れたりしていないかと、とりとめのない思考の渦に飲み込まれていくのだった。

そんな典子さんを見かねた髙子さんは、ヘルパーの勉強をすることを典子さんに勧めた。

「ヘルパーの資格とって働き。そしたら人のためにもなるし、余計なこと考えんでええやろ」

これを機に、典子さんだけでなく、ベイトコーナスのお母ちゃんたちはヘルパーの勉強を始めた。これまで我が子と向き合う中で、なんとなく体感的に習得していた障害者についての知識や介護の方法を、初めて体系的に学ぶことになった。ヘルパーとして働く中で、生活も

ベイトコーナスで食卓を囲む

変わり、障害者にもさまざまな世界があることを知った。

グループホームの開設は、メンバーたちだけでなく、お母ちゃんたちにとっても大きくその生活と視点を変える契機になったのであった。

障害者自立支援法と高子の決断

2003年4月、支援費制度の施行により、福祉制度は行政がサービスを決める「措置」制度から利用者がサービスを選択する「契約」制度となった。障害者が利用するサービスの種類に応じて支援費の支給を受け、事業者との契約に基づいてサービスを利用するかたちとなった。これにより、コーナスの収益も一時的に増えることになったが、それを喜んでいたのも束の間、支援費の財源不足に起因する新たな変革の波がコーナスにも押し寄せることとなった。障害者自立支援法である。

障害者自立支援法に向けての説明と指導のため、コーナスに大阪府の主査がやってくるようになった。当時、コーナスのメンバーは7人だったが、利用者が10人に満たない小規模作業所は、他の小規模作業所と合併して、20人定員の授産施設に移行するよう指導を受けた。結局のところ、小規模な作業所それぞれに補助金を支給するほどの財源がないということだった。

障害者自立支援法が成立するとどのようなことが起こるのか、コーナスのお母ちゃんたちの多くは想像もできていなかった。反対デモに誘われて、反対の声をあげてみるも、いったい何に反対しているのかすらわからないくらい、それは大きな変革で、とらえどころがなかった。

白岩高子さんは違った。望之門保育園という福祉の最前線にいて、これからの福祉制度のあり方とコーナスの行く末に危機感を募らせていた。他の作業所と合併したところでうまくいくだろうか。理念も方針も違う作業所と折り合いをつけていったところで、それは自分たちが望んだコーナスの姿なのだろうか。補助金はカットされるし、このままではコーナスは潰されてしまう。大阪市の認可福祉作業所としてスタートした１９９３年から12年。阿倍野で共に生きよう会が発足した１９８１年から24年。これだけの歳月をかけて、メンバーとスタッフと親たちと地域の人々が、押し合いへし合いしながらつくってきたコーナスを潰すことはできない。高子さんに決断のときが迫っていた。

障害者自立支援法を考える大阪のつどい

それはあまりに大きな決断だったので、高子さんもそのときばかりは人知を超えた力に自らの命運をかけてみることにした。人生で初めて四柱推命の占い屋に行ったのだ。

「私がこのまま保育士を続けてコーナスのことをやらんかったら、コーナスはどうなりますか?」

高子さんの問いに、鑑定士はあっさりと答えた。

「すぐ潰れます」

「いやいや、それは困るわ。潰すわけにはいかへんねや」

2004年3月、定年まであと数年というタイミングで高子さんは望之門保育園を退職し、コーナスの運営に全力を注ぐことにした。定年まで勤めあげれば年金をたくさんもらえたかもしれない。それでもコーナスの存在に勝るものはなかった。コーナスのメンバーたちのためなら、なんでもできた。

新しいコーナスをデザインする

潰れないコーナスをつくる。そのためには新しいコーナスをデザインする必要があった。デザインするとは、思いをかたちにすることだ。高子さんは失業手当を受給しながらパソコンを習いに行くなど、さまざまな準備をする中でその思いを温めていった。

これまでのコーナスを思い返してみる。愛のある暮らしではあったが、暗くて狭い文化住宅の一室で、望みもしない内職仕事に追われる日々だった。バザーやクッキー販売、清掃作業を通して、地域の人々との交流はあったが、作業所自体は地域に開かれたものとは言い難く、閉鎖的であるようにも見えた。

どんなに重い障害があっても、あたりまえに地域で生きる。それをめざすのであれば、新しいコーナスはもっと地域に開かれた家にしよう。シャッターを下ろさず、誰でも気兼ねなく入ってこられるコンビニのような場所をつくろう。

阿倍野区には古い長屋や町家が残っていて、隣近所の付き合いがあった。狭い路地にはご飯の支度をする香りが漂い、すき焼きの匂いがすれば、なにかいいことでもあったのかと想像してみたり、子どもの泣き声が聞こえたら、裏のおばあちゃんが「熱でもあるんちゃうか?」と心配してやってきたりするような日常の一コマがあった。人と人とが顔の見える距離にいて、出会いがたくさんある町家。そんなところであれば、障害のあるメンバーたちのピュアなところやかわいいところを、地域の人々にもっと知ってもらえるのではないだろうか。

新しいコーナスをつくるには町家がいい。そう思っていたところ、丸山通の作業所からほど近い、阿倍野区共立通の角地に理想的な物件が見つかった。物件を扱う不動産屋に訊ねてみたところ、建売業者と交渉中だという。この物件を売られてはまずい。

そこで髙子さんは、知人を介して物件の所有者の住所を調べ、東京に住んでいた所有者に直接手紙を書いた。

「とてもすてきな家なので、解体せずに大切に使いたいのです。一部だけ改修して使用させてください」

このお手紙作戦が功を奏し、物件の所有者はコーナスへの売却を快諾してくれたという。

運命的な出会いを通して、新しいコーナスとなる町家が手に入った。共立通の家並に軒を連ねる築67年（２００４年当時）の町家。コーナスのみんながそこに暮らし、地域の人々が行き交うさまを思い描いてみる。髙子さんの頭の中は、さまざまな改修プランでいっぱいだった。

髙子さんは、古い町家を改修した御屋敷再生複合ショップ「練」（現・からほり れん［en］）の仕事で目を付けていた、六波羅真建築研究室に改修を依頼し、建築士と協議を重ねながら開かれたコーナスへの思いをかたちにしていった。

問題となったのは、その改修費用をどう賄うかであった。

多くの人に助けられて

町家の購入費用に改修費用を合わせると、おおよそ3000万円が必要だった。

そのうち1000万円は、これまでに貯めていたお金をあてた。社会福祉法人阿望仔の専務理事、樋口修一さんはいつも、「将来のために貯めとくんやで」と言い聞かせながらコーナスのために便宜を図ってくれた。コーナス共生作業所が、マナ乳児保育園の一室で自主運営を始めたときに無償で部屋を提供してくれただけでなく、望之門保育園の清掃作業を業務として発注してくれたりもした。そうして貯めたお金に、バザーの収益、クッキーやゴキブリだんご、特製マットの売

左から山下さん、廣田さん、山本さん、仲西さん。2007年～2015年の8年間、法人運営のアドバイスや職員研修にご尽力いただいた

り上げ、後援会の人々からいただいた会費など、日々の営みの成果と多くの人々の善意が１０００万円という資金となり、今こうして新しいコーナスをつくるために使われるときがきたのだった。

親の会からはそれぞれ50万円ずつ出資した。当時の親の会は６人だったので、合計３００万円。それから、知人・友人・親戚と、思いつく限りのコネクションを利用してお金を借りた。「３％の利子をつけるから、お金を貸してほしい」と頼むと、「コーナスのためなら」という温かい気持ちとともに、あっという間にお金が集まり、親の会の出資金３００万円と合わせて１０００万円となった。

それでも残りの改修費用１０００万円が足りなかった。そこで高子さんが思いついたのが、市民債券の発行だった。ちょうど尼崎にあった障害者福祉施設が火事にあって全焼したときに、市民債券を発行して再建費用にあてたという話を聞いていた。他のお母ちゃんたちに相談すると、「えぇっ？　そんなんでお金集まるの？」と及び腰であったが、高子さんは発破をかけた。

「これはもう市民運動やで！　これまでもそうや。行政がすべきことを親がしんどい目して作業所を運営してきたんや。市民運動なんや

コーナス つうしん 号外

2005年2月23日
コーナス共生作業所
代表者 白岩 郁雄
〒545-0042 大阪市阿倍野区丸山通り2-9-16 丸山マンション
TEL&FAX (06) 6659-9312

コーナス共生作業所より
緊急のお願い

『コーナス共生作業所』から皆様に緊急のお願いがあります。

いつもご支援を頂いていますのに、勝手なお願いで恐縮ですが、今後の活動に関わる事情です。どうかお許し下さい。

この度、コーナス共生作業所が移転することになりました。

15年前に始めた作業所は、マナ乳児保育の2階をお借りして、メンバー2名からのスタートでした。その後、メンバーが5名になり福祉作業所としての本格的な活動に移行するため、現在の賃貸住宅に移転しました。

12年間の家賃とガレージ代は、23，670，000円で土地付きの家が買える程になりました。

国の障害者施策や予算は、ますます厳しさを増しています。補助金に頼る運営から脱皮することや、内職作業中心の活動を見直す時期も来ていました。「もっとメンバーの個性や持ち味が生かせる活動がしたい。」「体がしんどいアミさんやすオさんが、くつろげる空間がほしい～」「ボランティアさんや地域の人が来やすい作業所にしたい。」などの理由から、物件を探していました。


それが、見つかりました。共立通2丁目にある築67年の古い町家です。

敷地は28坪あり、室内はりっぱな床柱に広い和室・欄間など、ぜいたくな造りです。

売主さんは、「解体せずに、少し手を入れて使いたい。」という私たちの意向と活動を理解して下さり、安価で売って下さいました。

親の出資金と積立金、親戚友人や設立以来の支援者の方々に助けて頂き、手に入ったのです。「コーナスのためやったら貸すよ！」の言葉が有り難く、励みにもなりました。

しかし、作業所として使うには手直しが必要です。障がい者用のトイレ設備や作業スペースの確保に段差の解消、耐震補強も必要です。

そこで、お願いです。


私たちに改築費用を貸して下さい。

カンパはもっとうれしいです。

●お振込みいただいた後、以下のような債券（借用書）を
送らせて頂きます。

殿　　債券
No.
金50，000円也
〒545-0042 大阪市阿倍野区丸山通り2-9-16丸山マンション1F
コーナス共生作業所
代表 白岩 郁雄

●返済のお約束については、4月以降に返済計画をたてますので、順番が決定次第再度お知らせいたします。

よろしくおねがいします！！！

2005年2月23日
コーナス共生作業所
代表者 白岩 郁雄
〒545-0042 大阪市阿倍野区丸山通り2-9-16丸山マンション1F
TEL&FAX (06) 6659-9312

コーナス通信号外

から、市民債券でお金を集めるで！」

コーナスの市民債券は一口5万円。6年間は返済がないが、7年目から毎月三口15万円ずつ返済し、10年目にはすべての人への返済を終えるというかたちにした。返済計画は高子さんのどんぶり勘定だったが、銀行員の知人に相談して「返済できる」とのお墨付きを得た。

市民債券への協力依頼を「緊急のお願い」と題して一筆したため、コーナス通信の号外として発行（2005年2月23日）したところ、数か月で800万円が集まった。1000万円には届かなかったが、建築業者と交渉し、なんとか改修にこぎつけたのだった。

お金とは、信用のかたちである。コーナスに信用がなければ、お金は集まらなかった。バザーや清掃活動など、さまざまな活動を通して地域の人々と交流し、その営みを見せてきたからこそ、たくさんの人がコーナスを信用し、出資してくれたのだった。それはコーナスのメンバーと、スタッフと、お母ちゃんたちへの信用だった。この信用があったからこそ、その後もコーナスは頑張れた。コーナスに信用を託してくれた人々の気持ちに応えたい。その思いを背負って、新しいコーナスはスタートしたのであった。

第5章 変転の12年 2005~2017

主なできごと

2005年5月	「小規模福祉作業センター・コーナス」に名称変更
	阿倍野区共立通の町家に移転する
	同所2階に地域交流スペース「NAKA」開設
2007年4月	NPO法人格を取得
	「特定非営利活動法人コーナス 小規模福祉作業センター・コーナス」となる
2008年4月	「インクルーシブカフェ」開設
2009年1月	居宅介護・重度訪問介護「サポートネットコーナス」開設
2011年3月	「ギャラリーコーナス」開設（阿倍野区共立通）
	同所2階に地域交流スペース「NAKA」、「サポートネットコーナス」が移転する
2011年4月	生活介護に移行。生活介護「アトリエコーナス」に名称変更
2013年4月	生活介護「アトリエコーナス」の施設を拡張する
2016年4月	自立訓練「Art-Labox」開設
2017年4月	グループホーム「ベイトコーナス」、阿倍野区共立通に移転する

根拠のない自信で始めるアート活動

２００５年5月22日、新しいコーナスのオープンハウスが開催された。多くの人がコーナスを訪れ、その門出を祝った。

木造2階建ての1階はメンバーたちの作業スペース。ちょっとのぞいてみたくなる空間をめざして、入り口を広く取り、シャッターはつけずにガラス戸だけにした。福祉車両から車いすの人が直接乗り降りできる可動式テラスは、人が訪れた際にはベンチの代わりにもなる、コーナスの自慢の仕掛けであった。スロープの角度やトイレの配置にもこだわりがあり、実際に車いすの人に使ってもらいながら設計したものである。

2階の和室は、誰でも自由に活用できるレンタルスペースとして地域に開放し、元の所有者であった名加家の名前をお借りして、地域交流スペース「ＮＡＫＡ」と名付けた。

オープンハウスの後にもさまざまな人がコーナスを訪れ、町並みに溶け込むようにして建つ町家の風情をほめてくれた。中には「トイレ貸して」とコンビニのように駆け込んでくる人もいて、地域との距離

開放的なアトリエの玄関

がぐっと近づいたように感じられた。

ここで、高子さんはこれまでに温めていた計画を実行に移した。内職仕事をすっぱりやめて、アート活動を日中活動の中心に据えたのだ。

きっかけは、重い自閉症の人が描いたアート作品を目にしたことだった。奔放な色づかいと自由な筆の跡に目を奪われた。心を揺さぶられたのと同時に、ふとした閃きが脳裏をよぎった。

「コーナスのメンバーにもできるんちゃうか?」

根拠のない自信があった。

コーナスのメンバーたちは、頑なに自分の世界を守っているようなところがあると感じていた。ひょっとしたら、それぞれの内にある世界には、何かが潜んでいるのかもしれない。それをアートとして表出することができれば、オリジナルな表現が生まれるだろう。保育士としてたくさんの子どもと向き合ってきた経験が、可能性の兆しを感じ取っていたのかもしれない。

内職をやめてアート活動に転向するということを初めて聞いたとき、他のお母ちゃんたちは猛反対した。ただただ心配だったのだ。いくら内職が向いていないといっても、完全にやめてしまうことには抵抗が

楽譜を見ながら

あった。内職があるということ、この社会の中で仕事があるということだけでもありがたいことだったのだ。たとえメンバーたちの力だけでは内職を完成させられず、親たちが手伝わなければならなかったとしても、完成させれば達成感は得られたし、少ないながらも収入はあった。それがアート活動になって、自由に描けと言われても、じっとしていられない子どもたちが、おとなしく絵を描いたりするものだろうか。時間をもてあまして、どこかに飛び出していったりするだけなのではないだろうか。そもそも我が子がアート作品をつくるなんて想像もできなかった。

実は高子さんは新しい町家に移転する前から、アートの心得のあるスタッフと共に実験的にアート活動を始めており、ある程度の手ごたえは感じていた。メンバーの前で何かをつくってみせると、メンバーも創作への意欲を見せ始めたのだった。

そんなことを他のお母ちゃんたちは露ほども知らなかった。だから、高子さんは他のお母ちゃんたちに自分の思いを説いて聞かせた。

内職は個性の出せない作業で、そこには何の自由もない。望みもしない内職を強要することで自由を奪い、一日を回していくことがもう

感性が開くとき

嫌になっていた。いい歳のメンバーたちに「〜しなさい」と言い続けるのも失礼なことのように感じていたし、とにかく彼らを自由にしたかった。アート活動なら、自分自身を自由に表現することができる。メンバーたちには可能性がある。思いの丈を正直に真正面からぶつけた。

お母ちゃんたちはそのとき、完全には納得したわけではなかったが、ひとまず現場のことは高子さんに任せてみることにした。

その後、コーナスのメンバーたちは、お母ちゃんたちの心配をよそに、自由な表現を展開していくことになる。まるで抑圧から解放されたかのように。

アート活動の約束事

アート活動を始めるにあたって、高子さんはいくつかの約束事をつくった。

第一に、描ける場を用意すること。

どこで描いてもいいし、好きなところで描いていい。メンバーがリ

完成！

ラックスして活動できる環境を用意すること。メンバーそれぞれの内なるものが自然に出てくるような場をつくること。

第二に、本物の画材を用意すること。

メンバーたちの創作は常に本番で、稽古や練習はない。1回きりのこともあるから、常に質のよい画材を提供すること。

フランス製の上質でなめらかな色鉛筆を用意していても、メンバーは日本製の安くて硬い色鉛筆を選ぶようなこともあるが、好みに合わせて選べることも大切だ。

第三に、専門知識のある人がサポートすること。

画材の使い方、作品の管理、展示の仕方など、専門的な知識のあるアートサポーターが、メンバーの創作活動をサポートすること。

第四に、時間に制限をかけないこと。

学校の授業では時間の制限があるが、コーナスでは時間に制限を設けない。たっぷり時間をかけてもいいし、描かずに寝ていたって構わ

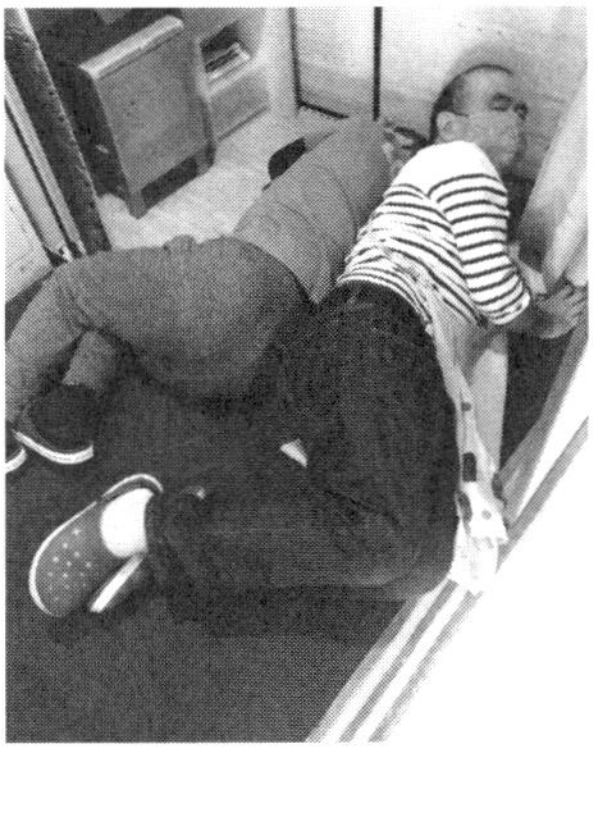

時にはゴロンと横になって

ない。時間はメンバーそれぞれのもので、その人の時間を奪ってはいけない。とにかく自由に使っていい。

第五に、作品に介入しないこと。

日常的に指示されがちなメンバーたちにとって、アートはメンバー自身が主体となれる場所。いつ始まってどこで終わるかもメンバー次第。それぞれの表現の自由を尊重して、決して作品に介入しないこと。

第六に、「Ｙｅｓ」を出し続けること。

サポートする人の姿勢として、描いている行為だけを承認し、Ｙｅｓを出し続けること。「描いているね、いいね」と声かけをする程度に留めて、作品を評価したり、ほめたりしないこと。ほめられ続けると、「ほめられる絵を描かなくてはいけない」というプレッシャーになってしまう。じっとしているのが困難なメンバーが、静かに創作に向かっているだけですごいことなのだ。Ｙｅｓをつけられた経験の少ないメンバーたちは、自己肯定感がものすごく低い。だから創作に向かっていることにＹｅｓを出し続けること。

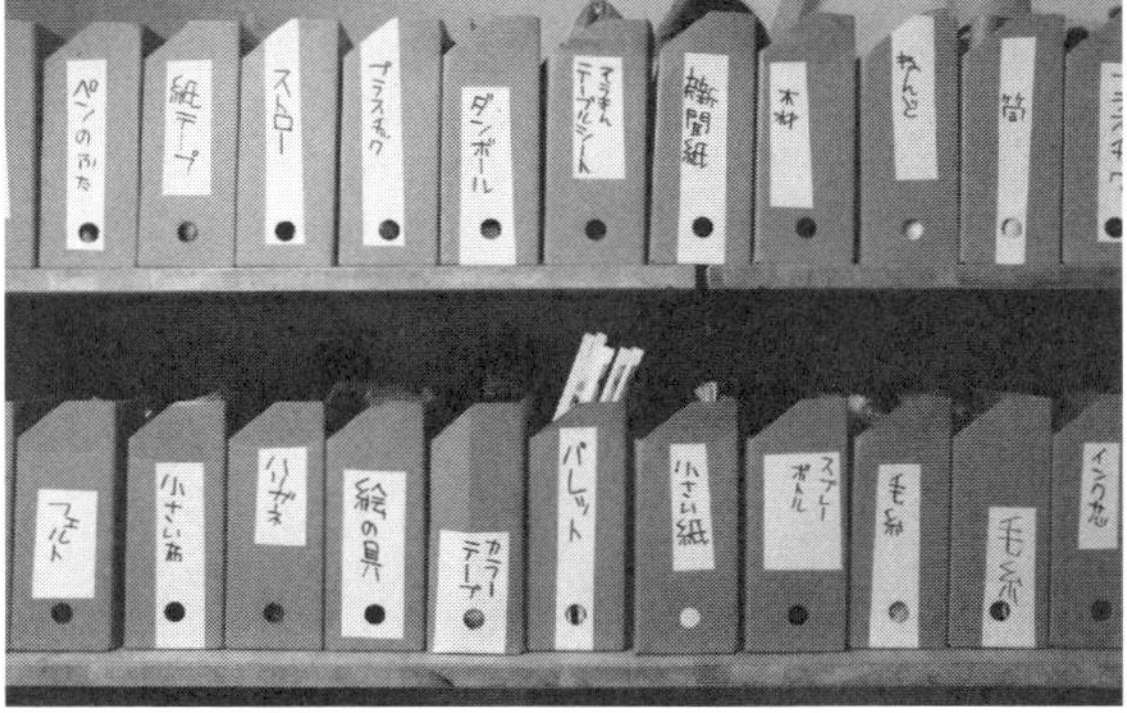

いろんな画材が詰まった画材庫

アート活動を始めた当初、なにをすればいいのかとまどっているような様子をみせたメンバーたちだったが、ほどなくして、誰に指示されることもなく創作に取り組むようになり、半年も経った頃には、それぞれ好みの画材も定まっていった。

驚くべき光景だった。集中することが苦手だと思っていたメンバーたちが、じっと座って各自の表現に取り組んでいる。

西岡弘治さんは、時折ハミングしながら幼い日に聴いたクラシックの音色をなぞるように、独特な線で楽譜を描いている。女性のファッションに関心の強かった植野康幸さんは、意志の強そうな美しい女性を、目の覚めるような色彩で描いている。ものを壊すことの多かった大川誠さんが、羊毛にニードルを打ちつけながら、新たな生命を生み出している。吉川真美さんは、コピックの匂いを一本一本確かめてから究極の一本を選び、少しずつ少しずつ、日々、なにかを確かめるようにコピックを画面に塗りつけている。創作に打ち込むメンバーの様子を白岩直子さんが笑顔で眺めている。

髙子さんがめざした自由がそこにあった。

「好き」が詰まった空間

絵画塾の記憶

コーナスのメンバーたちが思い思いに創作に打ち込んでいる様子を眺めていたとき、高子さんに遠い日の記憶がよみがえってきた。

それは、とある絵画塾の記憶だった。

高子さんは幼い頃、絵を描くのが大好きだった。幼稚園の先生は、「高ちゃん、絵が上手やな」とよくほめてくれたし、高子さんのお母さんもそれを喜んでくれた。

しかし、小学一年生の時、先生から「既成的な絵を描く」との評価を受け、だめな絵の烙印を押されてしまった。そのことがきっかけで、高子さんは絵が描けなくなってしまった。

そんな高子さんを心配したお母さんは、近くのお寺で開かれていた絵画塾に高子さんを通わせることにした。小学校に赴任してきた東京藝術大学出身の先生が、先生の仕事だけでは食べていけないから、下宿先のお寺で絵画塾を始めたのだった。

素晴らしいことに、すべてが自由な絵画塾だった。子どもたちはお寺の廊下に寝そべりながら絵を描いていたり、灯籠に腰かけて描いていたりした。どこで描いてもいいし、なにを描いてもよかったのだ。

絵画塾ののんびりとした空気にふれて、高子さんの心も少しずつほどけていったが、だめな絵の烙印を押されたショックから、なかなか絵を描くことはできないでいた。そんな高子さんに、先生はなにも言わなかった。

絵画塾にやってきてはなにをするでもなく、ただ座っていた。

一か月ほど経ったある日、境内に座ってなにげなく空を眺めていた。そうしているうちに「雲でも描いてみようかな」と、ようやく描く意欲がわいてきた。

チューブから出したての白の絵の具を筆につけ、一筆さっと描いてみると、先生がそばに近づいて、「ええ雲やな」と一言ほめてくれた。絶妙なタイミングだった。ほめられたことがただただうれしかった。その日のことを高子さんはドラマのワンシーンのように覚えている。

次の日には、水色の絵の具で空を塗ると、先生はまた近づいてきて「ええ空やな」とほめてくれた。

この体験が、高子さんのアートの原風景だった。どこで描いてもいいし、なにを描いてもいい。描いてもいいし、描かなくてもいい。そして、その行為を承認する。今から思えば、高子さんは自分が絵画塾で経験したことを、コーナスのアート活動で再現していたのだった。自由な絵画塾のあの空気が、今もコーナスに息づいている。

描く喜びを取り戻した高子さんが、その後どうなったか。実は高子さんの描いた絵が絵画展で賞をとり、天王寺の美術館で展示されることになったのだが、それによって高子さんのお母さんは、ある程度の成果を達成したと思ったのか、高子さんは絵画塾をやめさせられたということだ。

路地裏のさんぽ道

これまでアート活動の経験のなかったメンバーたちが、独自の感性で次から次へと作品を生み出していく。高子さんとスタッフは、メンバーたちの日常に寄り添いながら、そこから生まれ出てくる表現を楽しんだ。

これはいったいなんだろう。どうしてこれを描いたのだろうか。なんて美しい色なのだろう。見るものすべてがおもしろく、言葉では言

H & H Japan Inc.

い表せない魅力があった。高子さんは、メンバーが描き捨てたようなものや、作品と呼べるかどうかもわからないような行為の痕跡も、すべて拾い集めてとっておいた。これはすごいことになる。そんな予感が高子さんにはあった。

コーナスが初めての展覧会『路地裏のさんぽ道・展』を開催したのは、本格的にアート活動を始めてから1年も経っていない頃、2006年2月のことだった。

会場は、地下鉄中崎町駅から徒歩10分の町中にあるH&H Japan Inc.（大阪市北区）。無機質な白壁の展示空間ではなく、長屋の一軒を展示スペースとしたギャラリーだった。狭い路地に面して建つ長屋の中にあって、どことなくコーナスのある阿倍野の路地裏にも似た雰囲気があった。

初めての展覧会を地元を離れた場所で開催することには不安があった。ここでは誰もコーナスを知らないし、メンバーたちがどんな人であるかも知る人はいない。作品が作者を離れて、ただアートとして評価されるのだ。

展示風景

そんな不安と同時に、シビアに評価されることが大切だという思いもあった。メンバーたちの作品が、彼らを知らない人々にどのように受け止められるのか、「すごいことになる」という高子さんの直感が本物なのか、確かめる必要があった。

初めての展覧会にもかかわらず、日を追うごとに来場者は増え、最終日には「もう少し会期があれば、友人を連れてこられたのに」と、短い会期を惜しむ声もあがった。

大阪在住のカナダ人が、会場に3回も足を運び、モノクロの作品に心を奪われて「この作品を譲ってほしい。これを見ていると感動で涙が出てくる」と言いながら、本当に涙ぐむような一幕もあった。

素晴らしい作品だとは思っていたが、メンバーたちの表現がここまで人の心を揺さぶるものだとは想像していなかった。「人にはさまざまな可能性があり、障害があるからこそ生まれるものもある」。そういう言葉を聞くと、そうであればいいと願う一方で認めきれないところがあった。しかし、この展覧会でメンバーたちが示した可能性は、それを認めるに余りあるものだった。

「親が一番の差別者だ」と言われることがある。障害を理由に、「うちの子にはむり」「できるわけがない」と、子どもを可能性から遠ざけてしまう親こそが、一番の差別者だというものだ。まさにその通りだと、このとき、髙子さんは実感したという。

メンバーたちの作品は、これまでコーナスを知らなかった人がコーナスを知る窓口となり、新たな繋がりをコーナスにもたらした。メンバー自身がその表現で、新たな世界への可能性を開いたのだった。

これはすごいことになる。髙子さんの予感が、確信に近づいた瞬間だった。

高まる評価と親の気持ち

2007年10月、コーナスメンバーの吉川真美さんが、「第1回産経はばたけアート・フェスタ2007」においてデザイン特別賞を受賞した。翌2008年12月には、西岡弘治さんが、「かんでんコラボ・アート21」において最優秀賞を受賞している。コーナスがアート活動を始めてから3年ほど経った頃には、ほとんどのメンバーが公募展で受賞や入選を果たしていた。公募展以外でも、大川誠さんが制作した

吉川真美さんの表彰式にて

フェルト人形が、人形劇団クラルテの人形劇において主役を務めている。ちょうど障害のある人による表現活動への関心が高まり始めた時期であり、世間の流れと歩調を合わせるように、コーナスのアート活動への評価も高まっていった。コーナスには、さまざまな人が見学に来るようにもなった。その様子をコーナスのお母ちゃんたちはどのように見ていたのだろうか。

実のところ、コーナスのお母ちゃんたちは、子どもたちの作品に対してはそれほど興味をもっていなかった。高子さん以外のお母ちゃんたちは、もともとアートというものに関心が薄かったということもある。普段の生活の中で美術館やギャラリーに足を運ぶこともなかった。それだけに「世間が狭い」と高子さんにたしなめられたことも一度や二度ではなかった。

メンバーが公募展で受賞すると、表彰式にはメンバー、スタッフ、家族総出で訪れてみんなで祝い、展覧会があれば同じくみんなで見に行った。それはお母ちゃんたちにとって、もちろんうれしいことではあったが、受賞した作品については「こんな絵がなんで?」というのが正直な感想だった。

続いて西岡弘治さんが受賞

作品の保管場所に困った高子さんが、家に持って帰って保管するようお母ちゃんたちに頼んでも、「いらんわ。持って帰ったら、きっと放ってまうで」と言われる始末。お母ちゃんたちが作品の素晴らしさに気づくのは、ずっと後の話であった。

それでも、高子さんが初めて「内職をやめてアート活動をする」と言ったときのような、アート活動に対する反対の声は、時と共に消えていった。作品が評価されることによりアート活動が受け入れられたというよりも、内職に代わる日中の活動として、アート活動が評価されたのだった。

アート活動を始めたからといって、メンバーたちが抱える困難が軽減されたわけではなかった。普段の生活の中では、パニックを起こして暴れることがなくなったわけではなく、物を投げたり、激しく自傷したりするようなことも変わらずあった。

それでも、表現に向かっているときは、静かに自分の世界に没頭していられるのだ。その時間があるからこそ、あり余るエネルギーとストレスをいくらかでも放出することができた。それがお母ちゃんたちにはありがたかった。機嫌よく暮らしていてくれれば、それが一番だった。

誰にでも可能性はある

高子さんがなにかを決めたり始めたりするきっかけは、いつも勘と思いつきだ。勘といっても保育士として長く福祉の世界に身を置いてきた経験に裏付けられた勘なのだが、どうしてそう決めたのかと理由を尋ねられても、うまく言語化できないこともある。それだけに人とのすれ違いもあったし、恥ずかしい思いもたくさんしてきた。

コーナスのメンバーたちが素晴らしい作品を生み出す一方で、それを世に出す方法についてでは、なにもわかっていなかった。公募展で受賞すれば、確かに注目は受けるが、それも一時的なものだった。もっと多くの人に知ってほしい。かっこいいメンバーたちのことを伝えたい。そんな思いが募っていった。

とあるセミナーのパネリストとして招かれた高子さんは、その席上から西岡弘治さんの作品の複製画を高々と掲げ、会場に訪れた聴衆に向かって、「誰かこの絵を売ってください」と呼びかけた。なんとかこの作品を、コーナスのメンバーたちを世に出したい。そう思い詰めた結果の行動だった。なんてことをやってしまったのかと後になって恥ずかしさがこみあげてきたが、セミナーの主催者からは「あれがよかった。あんなことを言う人は他に誰もいない」と、喜んでいいのかよくわからない言葉でほめられた。

「国内ではだめだ」ということはわかっていた。海外なら、メンバーたちの作品の素晴らしさを理解し、広めてくれる人がいるはずだ。直感はそう告げるのだが、高子さんには海外とのコネクションなど何一つなかった。

ロサンゼルスのアーティスト村に日本人のアーティストが住んでいる。その人に話をすれば、なんとかしてくれるかもしれない。高子さんがもてる限りの伝手をたどって相談をもちかける中で、そんな話が浮上してきた。「とにかく行ってみるしかない」と思った高子さんは、すぐさま渡米を決意。英語は話せないからパックツアーを利用してロサンゼルスへと向かった。２００９年の初夏のことだった。

ロサンゼルス国際空港に着いた高子さんは、ツアーを離れて、日本人アーティストが住むアパートへと向かった。アーティストとの間を仲介してくれた人が、空港まで迎えの車を出してくれたのだ。アーティスト村と呼ばれる古いアパートがあって、そこに住む人は間違いなく本物のアーティストだと道中に聞かされた。否が応でも緊張が高まる。

ヒッチコックの映画に出てくるような手動式のエレベーターに乗ってアパートの上階へと昇ると、開放的な空間があり、そこに例のアーティスト、飯富崇生《いいとみたかゆき》さんとライターの芦刈いづみさんが待っていた。

高子さんが持参した複製画を見ると、飯富さんは言った。

「白岩さんは、障害者のアート作品を世に出したいのですか?」

その言葉に高子さんは首を横に振る。そんなことのために、ロサンゼルスまでやって来たのではなかった。

「西岡さんは30を超えてから、突然こんなに素晴らしい絵を描き始めたんです。私は、男だとか女だとか年齢とか障害のあるなしにかかわらず、誰でも可能性があるっていうことを、この絵を通して伝えたいだけなんです」

高子さんの言葉に飯富さんが答えた。

「白岩さん、それがアメリカンドリームなんです。応援しましょう」

二人は固い握手を交わした。

まるでドラマのような時間だった。遠路はるばるやって来た高子さんを労って、飯富さんはワインを開けてくれた。コルク栓が抜ける「ポ

飯富崇生さん(左)、芦刈いづみさん(右)と

ンッ」という爽快な音は、コーナスの前途を祝う祝砲のように、高子さんの心に響いた。

飯富さんの紹介により、コーナスメンバーの作品が海を渡り、サンフランシスコ在住の日本人ドクターが経営するギャラリーで扱ってもらえるようになった。また、2011年にロサンゼルスで開催されたLELA国際芸術祭に、展示グループの一つとしてコーナスを推薦してくれたのも飯富さんだった。

当時を振り返りつつ、「行ってみればなんとかなるねん」と高子さんは言うが、つまるところ「行かなければなにも始まらない」の裏返しなのだ。高子さんの向こう見ずともとれる突撃行により、コーナスの活動は海を越えて広がったのである。

三軒長屋を購入する

アトリエコーナスの南隣に三軒長屋があった。年季の入った趣きのある長屋だった。そのうちの一軒を借りることはできないかと高子さんは思っていた。コーナスのメンバーも少しずつ増えてきて、アトリエに使用している30坪の町家では、手狭になってきたのだった。メンバーたちにはもっと大きな作品にも挑戦してもらいたい。大きな画面でのびのびと自由に表現してもらいたい。そう思えど、イーゼルを立てる場所を確保するにも苦労するほどだったのだ。

物件の所有者もわからず、誰に相談すればいいのかと悩んでいたときに、知人が教えてくれた。「登記簿謄本取ったらええねん」。

早速、法務局に申請して登記簿謄本を取得した。それによると、三軒長屋の所有者は兵庫県の明石市に住んでいるらしい。スタッフの一人に車を出してもらい、高子さんは一路、明石へと向かった。

三軒長屋の所有者の家を訪ねた高子さんは、「一軒貸してください」と頼んだものの、所有者は「もう人には貸さへんねん」と答えるばかり。こればっかりはしかたがないと思った高子さんは、「手放すときは、声をかけてくださいね」と言葉を残していった。

つい、弾みで言った言葉だったが、それが何かの引き金になったのか、一か月ほど経った頃、三軒長屋の所有者から連絡があった。「手放すことにしたから、最初にあんたんとこに声かけてん。あの長屋、買うてくれへんか」。

元は三軒長屋だったアトリエの南側部分

実は、所有者の妹さんが、かつて高子さんが住んでいた家の二軒隣りの家に住んでいたのだという。その妹さんにこう言われたそうだ。「他の人に売るぐらいやったら、白岩さんに売ったげて。コーナスですごい頑張ってはるから」。

一軒借りるつもりが、三軒60坪を買い取る話になった。改修費を含め4500万円が必要となる。

これには、内部からもいくつか反対の声があがった。2005年に町家を購入したときに借りたお金を8年かけてようやく返済し終えたところだった。

「小さな町家の家族的な雰囲気がいいのに、どうして施設を大きくするのか」という声もあった。しかし、施設が大きくなるからといって、家族的な雰囲気がなくなるわけではない。反対意見の多くは、また借財を重ねる不安、新しいことを始めることへの不安からくるものだった。

高子さんにとってこれはチャンスだった。三軒長屋を買わなければ、何も変わらず、この先コーナスが発展することもない。しかし、買い取れば、30坪の町家と合わせて90坪。この90坪はコーナスの大きな資産となって、この先もコーナスを支えてくれるに違いない。

三軒長屋を購入しよう。そう腹が決まれば、考えるべきはどこからお金を借りるかだった。さすがに今回は前回のように親族や知人に貸してくれとも言えない。いろんな銀行を訪ねてみたものの、まったく相手にしてくれなかった。

そんな中、近畿ろうきん（近畿労働金庫）の地域推進室が話を聞いてくれるかもしれないということを知った。近畿ろうきんは、障害のある人と地域をアートで繋ぐプロジェクト「エイブルアート近畿　ひと・アート・まち」の主催者でもあった（企画・運営は一般財団法人たんぽぽの家）。その展覧会に、コーナスも出品したことがある。

早速、近畿ろうきんを訪ねると、地域担当の谷口さんが話を聞いてくれた。思わぬところに縁があるもので、谷口さんは西岡弘治さんの作品のファンだったのだ。そんな谷口さんに教えてもらいながら、髙子さんは10年間での返済計画を必死で立てて提出した。谷口さんは稟議を上げるのに苦労したそうだが、町家の購入の際に借りたお金を8年かけて返済した実績も踏まえて、「コーナスさんは絶対返すから」と融資を強く後押ししてくれたそうだ。

その結果、4500万円の融資を受けることとなった。2013年の春、アトリエコーナスは北側の町家と南側の長屋が坪庭をはさんでデッキテラスで繋がる現在と同じ姿となった。同年には新たなメンバー3人を迎え、少し大きくなったコーナス一家の門出を祝っている。

喜びの瞬間であると同時に、髙子さんにはとてつもない重圧がのしかかっていた。またお金を返していかなければならない。10年の返済計画を実行し、信用に応えていかなければならない。髙子さんはコーナスの代表であり、看板でもあった。「私がこけたら潰れる」。その思いが強くなった。保育士を辞めてコーナスに専念すると決めたときに誓った「潰れないコーナスをつくる」という思い。そのためには、とにかくやるしかなかった。重圧を発奮剤に変えて、髙子さんは必死に働いた。

海を渡った巨匠たち

コーナスをもっと多くの人に知ってほしい。作品を通してメンバーのことを知ってほしい。そうした思いから、髙子さんのベクトルは外へ外へと向かっていた。展覧会があると聞けば顔を出し、講演会があ

笠谷圭見さん（右）と西岡弘治さん（左）

ると聞けば講師に会いに出かけて行った。あちこちと駆け回り、多くの人と会う中で、コーナスの作品とコーナスという場のもつ空気とコーナスに生きる人々を愛してくれるさまざまな人との繋がりが生まれた。そしてその繋がりが、コーナスに新たな展開をもたらした。

２０１２年7月、植野康幸さん、大川誠さん、西岡弘治さんの作品19点が、遠くフランスへと旅立った。アール・ブリュットの研究機関であるabcd（art brut connaissance & diffusion）のコレクションに加えられることになったのだ。コーナスの作品を高く評価し、その作者であるメンバーたちをも深く愛してくれた、笠谷圭見《よしあき》さん（PR-y主宰）の尽力によるものだった。翌年には、abcdのコレクション展がヨーロッパ各地で開催され、コーナスの作品も各地の人々に驚きをもって迎えられた。

２０１６年には、メンバー自身がロンドンへと渡る機会が訪れた。ロンドン２０１２パラリンピック競技大会を機に、障害のあるアーティストの活動を支援するプログラムとして始まった「Unlimited」の招きによるものだった。

そのきっかけは、東京で開催されたとあるセミナーで高子さんが行っ

藁工ミュージアムでの展覧会で
笠谷さんと対談

たプレゼンだった。アトリエコーナスの成り立ちと日常を紹介するそのプレゼンを、Unlimitedのシニアプロデューサーであるジョーさんが見ていたのだという。その数日後には、ジョーさん自身がアトリエコーナスを訪ねてきた。

Unlimitedでは、パラリンピックが終わった後もレガシーとして、2年ごとに障害のあるアーティストの表現を紹介するフェスティバルを開催していた。

「予算が取れたらコーナスを出展グループの一つとして招待したいんだけど、来る?」というジョーさんの言葉に、「まさかそんなことが」と思いつつも「行きます」と答えた高子さん。「通訳を入れて9人で行きます」などと答えたら、その後「予算が取れた」と連絡があり、まさかの急展開で渡英することになった。

重い自閉症といわれるメンバーたちが、海を越えて自分の目で自分の作品が展示されているのを確かめに行く旅である。これは大きなチャレンジだった。9月5日から13日までの9日間。そのフライトは16時間にも及ぶのだ。

それでも高子さんには勝算があった。高子さん自身、全身性の障害

ロンドンへ

者や重い自閉症の方を介助しながら、スウェーデンへと旅した経験があったからだ。条件さえ整えれば、重い障害があってもロンドンを旅することはできる。渡英に向けた入念な準備が始まった。

このとき、ロンドンへと渡ったメンバーは、植野康幸さんと西岡弘治さんだった。

植野康幸さんは、2014年にフランスへと渡った経験があった。コーナスの作品がパリのギャラリーで展示されたのを見に行くためだった。そのとき、母親である植野淑子さんは、「うちの子には絶対むり！」と反対したが、高子さんには「絶対パリに行ける」という確信があった。女性のファッションに関心のある康幸さんにとって、パリは憧れの地と言っても過言ではない。「長いフライトはもたない、迷惑をかける」と心配する淑子さんを「機内にはテレビもあるし、金髪のすてきなCAさんがお茶や食事を運んでくれるから、絶対大丈夫」と説得した。

飛行機に搭乗する際には、予備の席を用意してもらうことにした。あらかじめ航空会社に伝えるとややこしくなってしまうので、搭乗口に着いてから、客室乗務員に「もし、康幸さんがしんどくなったときには、奥の方の空いた席でゆっくりさせてほしい」と直接お願いした。

外を眺める弘治さん

また、トイレの際には介助者も一緒に入ることについて理解を求めた。入国審査の際には、本人では受け答えができないので、付き添いの人が英文で書いたカードを見せるようにした。

こうした対策の結果、何の心配もなく、康幸さんはパリの地を堪能した。ギャラリーに展示された自分の作品の前に立ち、パリジェンヌに名刺を配った。帰る日にはパリの地を指さして「もっとここにいたい」と意思表示をするくらい、パリの旅を楽しんだのだった。

康幸さんは、パリでの経験があるから大丈夫。その一方で、西岡弘治さんにとっては初めての海外だった。弘治さんにはこだわり行動が多いので、その行動を尊重しながら、いかに9日間を過ごすかが一番のポイントとなった。

長時間のフライト対策としては、オーディオプレーヤーにお気に入りの音楽をいっぱい入れて、イヤホンで聞き続けることができるようにした。

水への関心が強く、トイレに入ると水で遊んでしまうことのある弘治さん。トイレを占拠してしまわないよう、「飛行機のトイレはみんなが使うもの」とていねいに繰り返し説明した。また、トイレの鍵を

作品に見入る来場者

かけてしまうと、なにかあったときに困るので、鍵をかけなくても「使用中」のランプを点灯してくれるよう、客室乗務員にお願いするとともに、介助者がトイレの前に立って、使用中であることを示すようにもした。

ホテルの部屋から勝手に出て行ってしまわないよう、事前に2回、ホテルでの宿泊体験もした。睡眠を確保できるように、出発の二か月前から心療内科の医師と相談して、睡眠導入剤を出してもらい、睡眠のコントロールを図るようにした。

たくさんの人に囲まれるとパニックを起こす可能性があるので、事前にスケジュールを確認し、避けるべき場所と時間を想定しておくことも欠かさなかった。

メンバーのことをよく知るスタッフが現地まで同行するとともに、メンバーそれぞれのこだわりや嗜好をあらかじめ調べておいて共有しておく。日頃からスタッフがメンバー一人ひとりとていねいに向き合っていたからこそ、予測と準備が可能になるのであった。

こうした事前の準備と現地での微調整が功を奏し、コーナス一行はロンドンで素晴らしい時間を過ごした。現地の人々の温かなもてなし

自作を前にこの表情

もメンバーたちを助けた。

　サウスバンク・センターで開催された、植野康幸さん、大川誠さん、西岡弘治さんの3人展「Nama A-to : JAPANESE OUTSIDER ART」は、洗練された展示であると同時に、作品だけでなくその背景にある環境や作者の日常に対するリスペクトをも感じさせる、心のこもった展示だった。

　最終日には、康幸さんと弘治さんが会場内でライブペインティングを行った。画面に向かうと、途端に表情を変え、描き始める二人。集まった観衆が身を乗り出すようにして二人を取り囲んでも、それを一切気にも留めず、一心不乱に描き続けるのだった。国内でもライブペインティングの機会はあるが、ロンドンでもその姿は変わらない。かっこよく、キメるときには最高の姿を見せてくれるのがコーナスのメンバーたちだ。もちろん、この晴れ舞台で最高のパフォーマンスができるよう、スタッフや通訳、現地でエスコートしてくれた人々が、縁の下の力もちとして、尽力してくれた結果でもある。

　この会場では、高子さんも「Open Sesame, Open Yourself」と題したプレゼンを行っている。大阪の片隅の小さな施設が、どういう経

ライブペインティングに臨む康幸さん

緯でアートに取り組み、どういう経過をたどって今ここにあるのかを20分で解説し、その後、40分の質疑応答があった。そこでのやりとりをここで紹介しよう。

Q. アウトサイダー・アートは市場で高く評価されていますが、作品がアウトサイダー・アートにカテゴリー分けされるのをどう思いますか？それから、施設の運営はどのようにしているのですか？

A. カテゴリーは関係ありません。私は彼らの作品を見たときに「うわぁ、すごい！」と思ったんです。だからそれは植野さんの作品、大川さんの作品、西岡さんの作品、それぞれの作品にすぎないのです。どういうカテゴリーに分類されたとしても、その気持ちに変わりはありません。施設の運営については、給付費制度によって成り立っています。アートについては、画材費を一人一人のメンバーから実費でいただいていま す。だから作品が売れたときは、１００％作者にお返ししています。

Q. 地域の人々との関係を大切にされていますが、今後、なにか考えている取り組みはありますか？

A. これまでずっとノーマライゼーションをテーマにやってきました。

弘治さんの傍らには一台のピアノが

日常のふれあいはもちろん、町会の会合に施設を使っていただいたり、ふれあいサロンというかたちで地域の人が集まる場を提供しています。地域と対等な関係をつくり、10年後、20年後に、アトリエコーナスが共立通にあってよかったと思っていただけるような施設になりたいと考えています。

Q．アウトサイダー・アートは今後どうなっていくと思いますか？あるいは、どうなってほしいと思いますか？

A．私自身はキュレーターでも研究者でもありません。メンバーたちに寄り添い、どういう活動をすればいいのかを考える中で、アートに方向を変えたにすぎません。だから、作品を通して、彼らの存在とストーリーを伝えたいと思ったんです。

アウトサイダー・アートがどうなっていくのかは、今起きていることだけではわかりませんし、長いスパンでしか物事は見えません。それは、私がコーナスのメンバーに寄り添う中で、学んだことです。アウトサイダー・アートがどうなるかは、今はコメントできません。それよりも私は、アトリエコーナスが彼らにとってさらによい場になるように、彼らの支えになる、それができる人にコーナスを繋いでいきたいと考えています。

プレゼンは大成功

高子さんの言葉に、会場は大きな拍手に包まれた。この質疑応答の中に、高子さんのアート観がよく現れている。すべてはメンバーたちのよりよい暮らしのため。どんなに重い障害があっても、あたりまえに地域で生きるためなのだ。

産んでよかったと思えるとき

アートとは、元来孤独を深めるものだ。自己の内面に深く深く沈潜し、そこにあるものを掘り返して表出したものがアートとなる。

コーナスのアート活動は、時間の制限を設けない。その人の内なるエネルギーがほとばしるまで、介入はしないでじっくりと待つ。それだけに、メンバーが生み出したものや行為の痕跡は、まぎれもなくそのメンバーの内面を表すアートである。

ときにはそれが、意思疎通の覚束ないメンバーたちの言葉の代わりになることもある。こういうものに興味があったのか。こういうふうに見えていたのか。アートを介して初めてその人の行為の意味がわかることもある。その人を深く知ろうとすればするほど、アートはその人となりを雄弁に語ってくれる。

メンバーたちがそれぞれの表現で生み出したもの、刻みつけた痕跡。それがアート作品として他者の目に届くものになるには、メンバーたちの日々に寄り添うスタッフたちの力が必要だ。表現が生まれる瞬間に立ち会ったスタッフが、「これはおもしろい」と、その妙趣に気づき、捨てずに残しておく。それが公募展や企画展に出品されることで、初めて人の目にふれるところとなる。コーナスのスタッフたちには、介護や福祉に関する知識のほかに、おもしろいものやすてきなものに気づくことのできる感性が必要であり、これは誰でもできることではない。日々のかけらを拾い集めるようにして、コーナスの作品群は生み出されている。

作品として展示されることで、メンバーたちの表現は、多くの人と心を通わせるものとなる。きれいな色合いだ。エネルギーにあふれた描線だ。なにを思って描いたのだろう。わからなくても、なんだか心が震える。作品を通してその人に思いを馳せてみる。メンバーたちの表現を介して、コーナスの世界が外へ外へと広がっていく。

香港にて

展覧会は、メンバーたちにとって晴れの舞台だ。コーナスではできる限りみんなで展覧会場に足を運ぶ。メンバーとスタッフだけでなく、親も一緒だ。

かっこよくジャケットを着こなしたメンバーが、展示された自分の作品の前に立つ。少し誇らしげに立つその姿。障害者として奇異の目に晒されるのではなく、素晴らしい作品の作者として、それを見る人々に肯定され、純粋な関心をもたれることに戸惑っているような、喜びを感じているような立ち姿。その姿を見たとき、親たちは初めて「この子を産んでよかった」と思えるのだ。

障害があると知ったときの絶望、思い描いた未来が脆くも崩れ去ったような思い、暴れる我が子を前にどうしていいかもわからずに過ごした時間、生きづらさを抱えながら生きる我が子を「産まなければよかった」と思ってしまったこともある。そんな我が子が、人々の祝福を受けて誇らしげに立っているのだ。

高子さんは、この瞬間を見てほしくて、親たちを展覧会に連れて行く。チャンスがあれば海外であっても出かけて行く。香港の展覧会に出品したときには、身銭を切ってでも現地に赴いた。メンバーが一番

名刺交換

輝けるときにこそ、お金は使うものなのだ。

香港行に参加したある母親は言った。

「あの子のおかげで香港まで来ることができた。あの子が人と名刺交換をしている姿を見る日が来るなんて、思ってもみなかった」

アートを介して我が子が自らの可能性を示すとき、親たちの我が子を見る目も変わっていくのだ。

コーナスのABC

いつの頃から始まったのか、正確なことはもうわからないのだが、かれこれ30年近くにわたり、コーナスでは地域の美化活動を続けている。誰に命じられたわけでもない、ボランティアの活動だ。そんな活動がこれだけ長く続けられているというのも、なかなか稀な話である。

最初は「ついで」で始まったことだった。コーナス共生作業所が丸山通にあった頃、阿望仔の樋口修一専務理事のご厚意により、望之門保育園の清掃作業を障害者雇用のかたちでコーナスが請け負っていたのである。掃除道具を手に、作業所から保育園へと向かう道すがら、せっかくだから落ちているごみを拾って行こうとしたのが、地域の美化活動の始まりである。

やると決めたらとことんまで、誠実にやり続けるのがコーナスメンバーたちの特性だ。ビニール袋と火ばさみを手に、黙々とたばこの吸い殻を拾い続けるメンバーたち。ごみが残っていないか、側溝の中まで入念にのぞき込む。そんなメンバーたちを、髙子さんは「コーナスのＡＢＣ」と呼ぶ。Ａ…あたりまえのことを、Ｂ…びっくりするぐらい、Ｃ…ちゃんとする人たち。

アート活動やその作品で知られるコーナスだが、地域の人々にとってはアート活動をしていることなんてどうでもよくて、黙々とごみを拾い続けるコーナスのＡＢＣの姿が、地域に根付いたコーナスの姿なのだ。

丸山通の作業所から共立通の町家に移転した２００５年、引っ越してきた日の次の日には、丸山通でやっていたのと同じように、地域の美化活動をやり始めた。通りのごみを黙々と拾い、道すがらにある児童公園にも立ち寄って、ごみを拾っていく。メンバーたちにはスタッフが付き添い、地域の人がいれば「こんにちは」と挨拶をする。

町会の婦人部長さんが「なんと素晴らしい」と評価してくれたことを皮切りに、遠巻きに見ていた地域の人々のコーナスを見る目も次第に変わっていった。美化活動をしていると、「ありがとう」と声をかけてくれたり、「コーナスさんがいてくれるから、ここの通りはこんなにきれいなんやね」と言ってくれるようになった。

2007年9月には、町会の婦人部長さんの推薦により、「平成19年度 道路・河川・公園美化運動功労者」として、大阪市から表彰を受けた。「コーナスを地域の人々に知ってもらいたい」という思いと、「地域のみんなが暮らしやすい町に」という思いで、長年続けてきた活動が、地域の人々に認められ、こうしてはっきりと目に見える表彰というかたちで返ってきたことは、コーナスにとって、なによりもうれしい出来事だった。

コーナスが共立通に移転してきたときには、それをよく思わない人もいただろう。そのほとんどは、人の無知からくる恐れによるものだった。知らないからこそ、障害者というレッテルに縛られる。地域の人々の偏見を溶かしたのは、あたりまえのことを、びっくりするぐらい、ちゃんとするメンバーたちの姿なのだった。

アトリエコーナスを「輝かせてくれた人」との出会い

コーナスのメンバーたちや町家に漂う空気、そしてメンバーたちが生み出す作品。コーナスの「人」「場」「作品」を愛し、広く世界へと発信してくれた人たちをご紹介。

笠谷圭見さん（かさたに・よしあき）

株式会社リッシ取締役副社長／PR-y 主宰

2010年6月、笠谷さんがアトリエコーナスを訪問。開放的な町家の空気と、そこに暮らすコーナスメンバーたちの明るい雰囲気を気に入り、メンバーの作品を高く評価してくれた。広告のプロとして彼らの姿を伝えたいという思いから、コーナスをプロデュースして世界に広く発信してくれた人。さまざまな人との繋がりも笠谷さんを通して生まれた。笠谷さんの存在がなかったら、アトリエコーナスが世に出ることはなかったかも。今も感謝の念が薄れることはない。

〔2011年12月〕
100万人のキャンドルナイト＠OSAKA CITY
コーナスのアート作品とキャンドルがコラボレーション。

〔2012年1月〕
『THE CORNERSTONE』発刊
プロのフォトグラファー3名（Rob Walbers / Daisuke Yoshida / Jean-Yves Terreault）がコーナスの日常を撮影。

Bruno Decharmeさん（写真右）
Barbara Safarovaさん（写真左）

2012年7月、笠谷さんの尽力で、フランスのアール・ブリュット研究機関「abcd」のコレクションに植野康幸、大川誠、西岡弘治の作品19点が加わる。

丸山昌彦さん（まるやま・まさひこ）

NUDEデザイナー

2012年11月、ファッションブランド「NUDE：MM × PR-y × アトリエコーナス」とのコラボレーションでウェアができた。

ルイジさん（Luigi Clavareau）

フォトギャラリー in)between. 経営（パリ）

多川麗津子さん（たがわ・りつこ）

コピーライター、フランス在住

ルイジさんは笠谷さんの仲介でコーナスに。メンバーにフィルムカメラを持たせ、自由に撮らせた作品は森山大道さんも大絶賛、写真集を出してくれた。

『THE CORNERSTONE』で白岩髙子のインタビュー記事をまとめてくれた大阪出身の一途な人。ルイジさんの熱愛アタックでパリに渡ったアグレッシブな女性りつこさん。

〔2014年10月〕コーナスの展覧会をパリで開催。

嘉納礼奈さん（かのう・れな）

芸術人類学研究者／EHESS（フランス国立社会学高等院）フランス社会人類学研究所在籍

パリから帰国してアーツ千代田3331ポコラート公募展キュレーター、2021年ポコラート世界展「偶然と、必然と、」展（主催：千代田区、アーツ千代田3331）でキュレーターを務める。障害のある人ない人にかかわらずアーティストの生の表現を世界に発信。アトリエコーナスに世界的なアーティスト（ジャン=ピエール・レイノー）を連れてきてくれるなど刺激的な存在で交流が続いている。

大垣ガクさん（おおがき・がく）

アシタノシカク株式会社代表取締役、アートディレクター・クリエイティブディレクター

西岡弘治の才能をデザイナーとして高く評価し、事務所での個展開催や、スポーツブランド・ヒュンメルとのコラボで、楽譜の作品をスニーカーにデザインしてくれた。

小川貴一郎さん（おがわ・きいちろう）

現代芸術家、パリ在住

仲間と共に「幸せの黄色い椅子」イベントを企画。オークションで売ることで、アトリエコーナスを広報してくれた。

栗栖良依さん（くりす・よしえ）

アートプロデューサー・社会活動家／認定NPO法人スローレーベル芸術監督／東京パラリンピック開会式ステージアドバイザー

2015年6月、青山スパイラルサロンでアトリエコーナスの活動を講演するチャンスを与えてくれた結果、「Unlimited」のシニアプロデューサーに繋げてくれた。また、中村大輝（コーナス利用者）は、6年間スローレーベルの活動に参加することでパラリンピックで踊る夢を叶えた。

ジェニファーさん（Jennifer Gilbert）

アーティスト支援団体「Outside In」の元キュレーター、Jennifer Lauren Gallery 主宰

ロンドンの「Unlimited Festival」で出会ってからさまざまなかたちでお世話になっている。植野康幸、大川誠、西岡弘治の3人展「Nama A-to: JAPANESE OUTSIDER ART」の展示は彼女のキュレーションによるもの。Outside Inを離れ独立後も、コーナスの作品を取り扱ってくれている。

椿昇さん（つばき・のぼる）

現代美術作家、京都芸術大学教授

ポコラート全国公募展 vol.2（主催：千代田区、アーツ千代田3331／2011年）の審査員を務める。椿さんは総評で「西岡さんはレベルが高くて賞をつけなかった。きっと画商が値をつけプロとしてやっているだろう」と。終了後、西岡弘治を紹介。椿さんは、西岡の作品「プレイガール」を気に入り購入。その後、大学でコーナスの展覧会を開いてくれた。

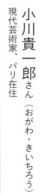

（2012年10月10日〜11月8日）
共立通2丁目のアーティスト達（京都造形芸術大学人間館実習棟 Gallery_Я）
コーナスメンバー全員の作品が、椿昇研究室にある赤い壁Gallery_Яを埋め尽くした。

岡部太郎さん（おかべ・たろう）
一般財団法人たんぽぽの家理事長

2008年の「かんでんコラボ・アート21」（主催：関西電力グループ）で西岡弘治が最優秀賞を受賞したとき、展覧会場で岡部さんと出会った。それ以来、いろんな展覧会やイベントにコーナスを誘ってくれた。上品な物腰の男前。

村井英晃さん（むらい・ひであき）
村井伊都子さん（むらい・いつこ）

雑誌『大阪人』（2010年9月号）の取材でコーナスを訪れる。「ムライの阿倍野探検」というコーナーで、コーナスをイラストと文章で紹介した。『プレイボーイ〜伝説の西岡〜』では、英晃さんが絵と文を、伊都子さんがデザインを担当。

（2016年10月）
『プレイボーイ〜伝説の西岡〜』（ASHITA no HAKO BOOKS）が出版される。

熊谷眞由美さん（くまがい・まゆみ）
元「ギャラリーあしたの箱」オーナー

地域のギャラリーとして、度々の展覧会を実現してくれた。発信力もあり、多くの方がアトリエコーナスの作品を知ってくださるきっかけになった。

中津川浩章さん（なかつがわ・ひろあき）
美術家・アートディレクター

アーツ千代田3331のA/A galleryで開催された展覧会「第5回企画展　もの創るひと展」（2010年）で展示された大川誠の「Makoot」を、会場に訪れた中津川さんが大絶賛。初めて「Makoot」を購入してくれたのは中津川さんだった。それ以来、さまざまなかたちでお世話になることに。

（2014年7月19日〜10月5日）
企画展「岡本太郎とアール・ブリュット―生の芸術の地平へ」（川崎市岡本太郎美術館）
中津川さんがキュレーターを務めたこの展覧会には、大川誠と西岡弘治の作品も出展された。

鈴木京子さん（すずき・きょうこ）

国際障害者交流センタービッグ・アイ副館長、アーツエグゼクティブプロデューサー

障害のある人やない人、国籍や性別など、さまざまな違いをもつ人々が出会い、交流・体験できる文化芸術事業を展開する。いつ出会ったのかも記憶にないが、たくさんの企画で顔を合わせることに。「BiG-i Art Project 作品募集」には、コーナスも出品。受賞・入賞多数。ビッグ・アイセミナー「アトリエコーナス ロンドン紀行〜海を渡った巨匠たち〜」（主催：国際障害者交流センター ビッグ・アイ／2016年）では、コーナスのロンドン行の報告を行った。


（2022年12月16日〜20日）

企画展覧会「about me 6〜〝わたし〟を知って 〜この町でいきる」（LUCUA 1100 イベントホール「sPACE」）

コーナスの「人」「時間」「町」を深掘りした展覧会。キュレーションは中津川浩章さん。

川井田祥子さん（かわいだ・さちこ）

鳥取大学附属特別支援学校校長／鳥取大学地域学部教授

産学官民連携による異分野コミュニティ「関西ネットワークシステム」の集まりで出会ってからの長いお付き合いが続く。川井田さんが『障害者の芸術表現 共生的なまちづくりにむけて』（2013年、水曜社）を出版されたときには、表紙に西岡弘治の作品「波紋」が採用された。インクルーシブカフェ（全国で展開）の第一回はアトリエコーナスで開催。

第6章 これからの幾年月

2017〜

主なできごと

2017年4月	グループホーム「ベイトコーナス」、阿倍野区共立通に移転する
2018年10月	自立訓練「Art-Labox」、近隣（阿倍野区阿倍野筋）に移転する
2020年4月	就労継続支援B型「ArtLab-Next」開設
2021年12月	カフェ＆レンタルスペース「KIKUYA GARDEN」開設

コーナスの学校をつくる

高子さんには、思うところがあった。自分たちの子どもたちは、選びようもなく、親の意思でつくられた通所施設に通うことになった。本人の意思を確認することもなく。

考えてみれば強引な話だったのではないだろうか。彼らには最重度の知的障害や自閉症があった。だからこそ、彼らが生きる場を、働ける場を自分たちでつくってきた。

それはそれとして、他に選択肢はなかったのだろうか。若い人々には、就労するまでに大学や専門学校に通ったり、海外に行ってみたり、プータローになるというような選択肢がある。しかし、我が子たちには、そういったことを経験させることもなく、支援学校の卒業後はすぐにコーナスに通わせた。それでよかったのだろうかと思うことがあった。

就労継続支援B型事業所が、あちこちにでき始めた頃、高子さんはその問題点を事業所の関係者から耳にした。就Bに入ったはいいものの、続かなくてすぐに辞めてしまう。辞めてしまうと他に行き場がなくて、引きこもってしまうケースも多くあるという話だった。

現在のArt-Labox

なぜ続かないのか。言葉の使い方が不適切だったり、社会的な常識が身についていないことで、人とのコミュニケーションがうまくいかないことにつまずいてしまうのではないだろうか。支援学校ではそこまで入念なコミュニケーション教育をしていなかったし、親は親で「障害があるから」と、あきらめてしまうところがある。大切な青年期。あわてずに、社会に出ていくうえで大切なことを学ぶ期間があってもいいのではないか。そう思うようになっていた。

もう一つの思いもあった。かつてスウェーデンで見たような、生涯教育の場をつくってみたい。働くだけでなく、余暇をどう過ごすのか。自分にとっての楽しみを見つけるために、さまざまな芸術文化活動にふれることのできる場をつくりたい。

ソーシャルコミュニケーションの力をつける「社会生活プログラム」と、表現を楽しむ中で思考し、仲間と交わる「芸術文化プログラム」。この2つを柱とした学校をつくりたい。いつの頃からか、そう思うようになった。

最初はどこかで部屋を借りて始めるつもりだったが、アトリエコーナスの南側の三軒長屋に、倉庫として使っている部屋があることに気

機能的な内部空間

づいた。改修するお金はなかったから、高子さんと、夫の郁雄さんと、大川典子さんの退職金として蓄えておいたお金を解約し、そのお金を改修費に充てた。

こうして、２０１６年4月、自立訓練「Art-Labox」がオープンした。名前に「Labo」とあるように、そこは学ぶだけの場ではなく、実験の場でもあった。衣・食・住・ソーシャルコミュニケーションのほか、絵画・立体造形・書・写真・音楽・ダンス・新喜劇など、高子さんがナンパして連れてきたという専門の講師によるさまざまなプログラムを展開した。

２０１８年10月には、現在の場所（阿倍野区阿倍野筋）に移転。人気のある整骨院があった場所だったが、その整骨院が休業すると、火が消えたように寂しくなったのだという。地域活性化のために使ってほしいという家主の依頼と、ちょうどLaboxの部屋が手狭であるという声があったため、さらなる発展のためにLaboxの移転を決定した。

２０２０年4月には、Laboxの天井をぶち抜いて、2階へと繋がる階段を設置。そこに、就労継続支援B型「ArtLab-Next」を開設した。Laboxでの2年間の学びを修了したメンバーが、その学びや成長を継

ダンスに取り組む

続しつつ、「仕事に合わせた自分づくり」ではなく、それぞれの個性ややりたいことを尊重し、好きなこと、やりたいことを仕事に繋いでいくための場として開設されたものである。ここでは、メンバーたちとスタッフが、日々可能性を模索しながら、カフェでの接客や清掃作業、農園芸作業、自主製品の製造・販売に取り組んでいる。

生活介護「アトリエコーナス」と並ぶ、もう一本の柱として、自立訓練「Art-Labox」と就労継続支援B型「ArtLab-Next」は、コーナスを支える事業となり、地域の人々と繋がるもう一つの窓口となっている。

無知と無意識

２０１７年10月、阿倍野区阪南町にあったグループホーム「ベイトコーナス」が、アトリエコーナスにほど近い阿倍野区共立通に移転してくることになった。オープンを数か月後に控えたある日、地域住民からグループホーム移転の説明会を開催するよう声があがった。

これには高子さんも驚いた。高子さん自身、20年住んでいた地域だっ

ArtLab-Next

たし、アトリエコーナスも２００５年に移転してきてから12年もの間、施設としてではなく、コーナスファミリーとして家どうしの関係を築いてきた地域だった。日常の挨拶はもちろん、旅行に行けばお土産をご近所にも配りに行くし、メンバーが成人を迎えれば挨拶回りをして、一緒に祝いあったりもした地域だ。そんな共立通でも通りを一筋隔てるだけで、グループホームが移転してくることに不安の声があがるのだ。

雨にもかかわらず、説明会には20人近くの地域住民が集まった。そこであがった声には次のようなものがあった。

「なんでこんなところにつくるんや。もっと郊外に行ったらええやんか」

「グループホームの入居者に何かされないか、うちの娘のことが心配です」

「ここにつくられたら、地価が下がるわ」

地域の人々の声に、高子さんをはじめ、コーナスのお母ちゃんたちの胸中は穏やかではなかったが、それでも説明会に集まった一人ひとりの声を聞き、「コーナスのメンバーは挨拶もできるし、コミュニケーションも身につけていきます。みなさんが戸惑うような行動があるかもしれませんが、スタッフもついているので、安心してください」と一人ずつ説いていった。

ありがたいことに、地域住民の中にはコーナスに味方してくれる人もいた。「みんな知らんやろうけど、コーナスさんはずっと地域の美化活動をしてくれてるし、公園の清掃も黙々とやってはる。そういうことを知らんやろ」と助け舟を出してくれたのだ。コーナスのことを見ていてくれる人がいて、困ったときに声をあげてくれる。そのことが、ただただうれしく、ありがたかった。

10月30日には、オープンハウスを開催した。地域の人々にグループホームを内覧してもらうことで、どういう場所かを知ってもらい、緊張をほぐしてもらうのが狙いだった。来場者のために用意したお母ちゃんの手作り焼きそば50食はまたたく間になくなって、飴細工には子どもたちの行列ができた。

グループホームのオープン後、地域住民の緊張は次第に解けていった。「おはようございます」「いってきます」と元気に挨拶してくれるコーナスメンバーの姿を見る中で、その人となりを知り、障害者というものに対して抱いていた不安が、根拠のない偏見からきたものだったとわかったからだろう。

コーナスの法人相談役である山本慎二さんから贈られた励ましの言葉をここに紹介したい。

無意識が故に無知が故に、無配慮で傍若無人な差別発言がいっぱいです。しかしながら、無意識と無知をとがめることは、意識と知において劣っていることを指摘することになります。

一方、自尊心を傷つけられた人間が頑なになることの「ややこしさ」は、是が非でも回避しなければなりません。指摘せず、だからとがめずに、こういった方々の自尊心を傷つけずに、その差別する心を改めてほしいと伝えることは至難の業です。言語の限界かと存じます。

唯一、障害当事者の方々の日々の暮らしぶりや活動が、ノンバーバルが故に、彼らの「二つの無」に温かさを満たすことが出来るのだと思いました。時間をかけ非言語で、彼らの心を温かくして悔い改めさせるなどという難事が出来るのは、きっと当事者の皆様だけです。

誰かが無用と捨てていった石が新たな暮らしの礎石となるように、また一つ、コーナーストーンが不毛の地にできましたことを、あらためて

お祝い申し上げます。（コーナス通信第281号　2017年10月発行）

一口に地域といってもその中にはさまざまな人がいて、常に流動的である。コーナスを応援してくれる人が、いつまでもそばにいてくれるとは限らないし、とんでもない偏見をもった人が転入してくることもある。知らないだけで実はコーナスを応援してくれている人もいるだろうし、よく思っていない人もいるだろう。

だからこそ、メンバーたちの日々の暮らしぶりや活動を地域の人々に示していくことが、あたりまえに地域で生きるうえで大切な役割を果たしているのである。

KIKUYA GARDEN

どんなに重い障害があっても、あたりまえに地域で生きる。そのために走り続けてきた高子さんだったが、いつの頃からか、「地域コミュニティの力が衰えてきている」と強く感じるようになった。

アトリエコーナスの表に面する通りは、かつては十数軒の商店が立

KIKUYA GARDEN

ち並ぶ賑やかな通りだった。人々が店先に集まり立ち話に興じるなど、地域の人どうしの密接な関係があった。しかし、時と共に商店は姿を消し、住宅や駐車場へと変わっていった。通りを行く人々は、ただ通り過ぎるばかりで、新しくできた家にはどんな人が住んでいるのかもわからない。そんなことがあたりまえになってきた。

地域あってのコーナスであり、コーナスあっての地域である。地域に活気を取り戻したい。そう思った高子さんは決意した。

「これからは、地域で生きることと、地域をつくること、この両輪でやっていこう」

高子さんには、ずっと狙っていた物件があった。アトリエコーナスとArt-Laboxの中間地点にある二軒並びの古民家。大正末期に建てられたもので、なんとも言えない魅力があった。この近くにコーナスのギャラリーと居宅介護・重度訪問介護「サポートネットコーナス」の事務所を備えた一軒家があったが、老朽化が進んで雨漏りがひどく、移転先を考えていたところでもあった。古民家の近くを通りがかるたびに、「もし、この物件が手に入ったら」と、理想の改修プランを思い描いていた。

物件の管理者に「あの物件がほしい」と伝えていたところ、2020年になってようやく購入のチャンスが訪れた。アトリエコーナスの町家を購入したときや、三軒長屋を購入したときに反対の声をあげたお母ちゃんたちも、このときに至ってはもう誰も反対しない。高子さんの巧みな交渉もあって、割安で購入することができた。

二軒の家を一つに改修し、1階には就労継続支援B型「ArtLab-Next」のメンバーが働くカフェ「スリランカの風」や、アトリエメンバーの作品を展示できるホール&ギャラリー、大正モダンな雰囲気の残る多目的ホール、癒しの空間であるエステルームを配置。2階には、コワーキングスペース一室と、シェアルームが二室、コーナスの法人事務所と居宅介護・重度訪問介護「サポートネットコーナス」の事務所を配置した。施設全体をシェアリングの観点で設計し、年齢や性別、地域、障害など、さまざまな違いをもつ人々が自然と混ざり合う空間をつくりあげた。

2021年12月、KIKUYA GARDENがオープンした。当初は「敷居が高い」と言って遠巻きに眺めていた地域の人々も、1年が過ぎる頃にはカフェに訪れるようになった。最初はカフェで働くメンバーたちの様子をこわごわと眺めていた人も、メンバーたちと接する中で、次第に打ち解けてくる。地域の人々のコーナスを見る目が変わって、「コーナスさん、ええもんつくりはったね」と声をかけてくれるようになった。

アトリエもつくったし、グループホームもつくった。自立訓練事業所もつくった。けれど、こんなことを言われたのは、KIKUYA GARDENが初めてだった。これまでにつくったどの施設よりもKIKUYA GARDENは地域に開かれていて、あらゆる人を受け入れる大きな器となっている。それが地域の人々の評価に繋がったのだろう。

活気の失われた通りに、人々が気軽に集まれる場所ができた。そこでは障害のあるなしにかかわらず、さまざまな人が混ざり合っている。高子さんのもとには、障害のある子をもつ親たちが相談に訪れることもあるが、KIKUYA GARDENができてからは、実際に障害のある人が働く様子を見てもらいながら話をすることもできるようになった。

このKIKUYA GARDENを拠点に、さまざまな企画を展開することで、高子さんは新たな人の流れをこの共立通に生み出している。さまざまな人が交わることで、新たなものが生まれくることを促している。「地域で生きる」に加えて「地域をつくる」役割を担うコーナスは、2005年の移転から20年近くの時を経て、あたりまえにある存在として、この共立通に根付いている。

いつかのコーナー・ストーン

さまざまな人との出会いによって支えられてきたコーナス。阿倍野で共に生きよう会が発足した1981年から40年以上にもわたる歴史の中には、当然ながら大切な人との別れもある。

高子さんの恩師であり、陰ながらコーナスを支え続けた阿望仔の専務理事、樋口修一さんも、コーナスの応援団長として、お母ちゃんたちを一番近くで支え続けてきた「せっちゃん」こと内山清津子さんも、コーナスメンバー西岡弘治さんの母親であり、コーナス誕生のときから共に走り続けてきた西岡信子さんも、そして、コーナスの大切なメンバーであった大川誠さんも、今はもうこの世にはいない。

高子さんがその一つひとつの別れを思うとき、今でも鈍い痛みと共に思い起こされるのが、松村亜末香さんとの別れである。

亜末香さんは3歳の頃、脳に菌が侵入したことにより、一夜のうちに重度の障害者となった。身体を動かすことはできず、視野は仰ぎ見る目の前の範囲しかなかった。あまりにも突然のことだったので、亜末香さんのお母さんは、「明日にはもとに戻るんじゃないか」と長い間思い続けていたという。

１９９０年、亜末香さんはコーナス共生作業所が運営していた「のぞみクラブ」のメンバーとなり、養護学校を卒業した１９９６年には、コーナス共生作業所のメンバーとなった。本来であれば、重度身体障害者の施設に通うほどの障害であったにもかかわらず、亜末香さんのお母さんは、コーナスのメンバーと共に地域で生きることを選択したのである。

重度の障害者が集まるコーナスにおいても亜末香さんの障害はひときわ重いものだった。移動はストレッチャーで、食事では鼻に挿入したチューブから栄養を補給することもあった。何をするにも時間差があり、みんなと同じ行動をすることは難しかった。それでも、いや、それだからこそ、メンバーやスタッフ、お母ちゃんたちは亜末香さん

和田くんに抱き上げられる亜末香さん

を大切にした。亜末香さんの動かない身体の代わりに、交替でストレッチャーを押して、亜末香さんの限られた視界に、すてきなものが映るようにした。亜末香さんが穏やかにしているとみんながほっとして、笑っているとみんなで喜んだ。いつも亜末香さんがコーナスの中心にいた。亜末香さんの前では、誰もが謙虚で素直になれた。その動かない身体と眼差しで、亜末香さんはすべてを受け入れる強さを教えてくれた。

　高子さんが共立通の町家への移転を決意した背景には、亜末香さんへの思いがある。丸山通の作業所には、亜末香さんのベッドがあった。そのベッドは亜末香さんの成長とともに手狭になっていき、小さな作業所は、亜末香さんにとって窮屈な場所となっていた。亜末香さんがゆったりとくつろげる環境をつくりたい。町家への移転の際には、亜末香さんのために大きな木製のベッドをあつらえて、天窓から明かりのさす場所にそのベッドを据えたのだった。

　亜末香さんに青空に映える赤いりんごを見せたくて、大山（鳥取県）の麓にあるりんご農家を旅したことも何度かあった。米子の海鮮市場で仕入れたズワイガニをみんなで食べたときのこと。そのカニのおい

成人のお祝い

しさに、このときばかりは経管栄養に頼りがちだった亜末香さんも、他のメンバーと同じだけのカニを食べた。おいしいものを分かち合う幸せとともに、「大山に来てよかった」と喜びをかみしめた。

しかし、2005年に行った大山旅行の後、亜末香さんはにわかに体調を崩し、そのまま帰らぬ人となった。

もし、大山旅行に行かなければ、亜末香さんは亡くならずにすんだのかもしれない。みんなを楽しませることばかりに気をとられ、亜末香さんへの配慮が足りなかったのではないか。髙子さんは自分を責めた。亜末香さんのお母さんには申し訳なく、なんと言葉をかければいいのかわからなかった。

亜末香さんがいないことを実感するたびに、その存在の大きさを知った。髙子さんにはわからなかった。どうしてこんなにも大切なものが与えられたのか。そして、どうしてこんなにも大切なものが失われるのか。この経験の意味が全くわからなかった。いくら考えてもずっとわからなかった。

その意味がようやくわかったのは、10年以上も後のこと。2016年4月、大川誠さんが亡くなったときのことだった。

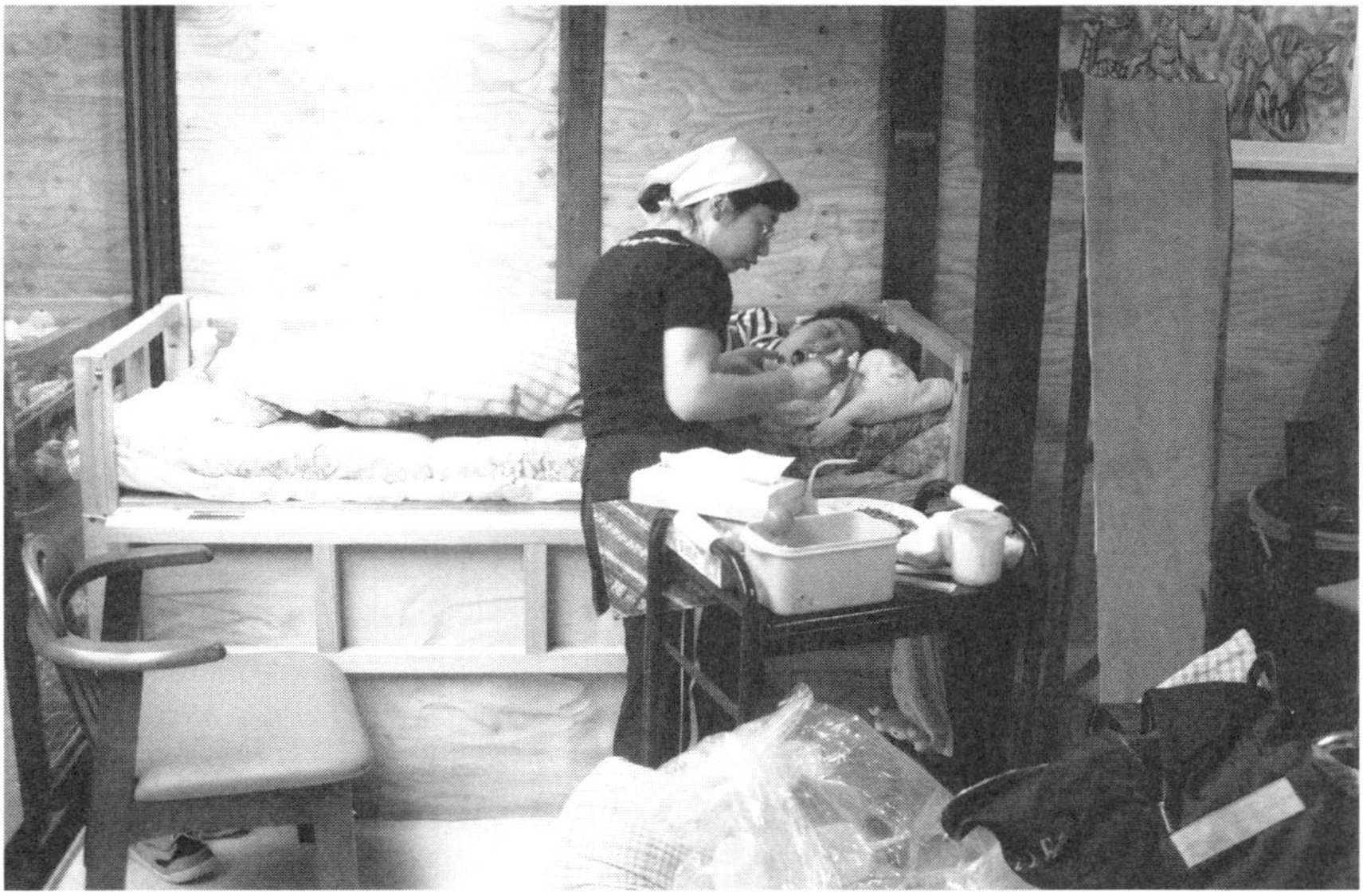

日当りのよい場所に設えられた
亜未香さんのベッド

このときも大きな喪失感に襲われながら、誠さんが失われた意味を考えていた。葬儀の席で一人、また一人と亡くなっていく人のことを思った。亜未香さんが亡くなり、誠さんが亡くなった。今いるコーナスのメンバーたちも、いつかは順番に亡くなっていくのだろう。そう思ったときにようやくわかった。この人たちは、コーナスを支える隅のかしら石、コーナー・ストーンになったのだと。コーナスが多くの人に支えられてきたように、今在る人はその後に続く人のコーナー・ストーンとなるだろう。亜未香さんも、誠さんも、ずっとそばにいて、コーナスを支え続けてくれるはずだ。

亜未香さんの死後、高子さんと亜未香さんのお母さんは疎遠になっていたが、誠さんの葬儀や西岡信子さんを偲ぶ会を通して関係が修復され、今では亜未香さんのお母さんがグループホームの炊事係を務めている。これもまた、亡き人々が支え、繋いでくれた縁かもしれない。

終章

コーナスの願い

時と共に変わりゆくものがある。たとえばコーナスが、内職に追われる日々を離れてアート活動を主たる活動に据えたように。コーナスの日々の暮らしはときに大きく、あるいはゆるやかに変化を繰り返してきた。

お母ちゃんたちの団結の要であった親の会もコロナ禍を通して終焉のときを迎えた。それでも親たちの繋がりがなくなったわけではなく、メールやＳＮＳを通して、親たちはスタッフと緊密に繋がっている。

さまざまな変化を経ても、この思いは変わらない。

「どんなに重い障害があっても、あたりまえに地域で生きる」

アトリエコーナス施設長の明子アルガマさんから、こんな話を聞いた。高齢で妊娠したある女性が、生まれてくる子どもに障害があるかもしれないと不安に思っていたそうだ。それでもその女性は、「コーナスさんがあるからいいや」と笑ったという。いつしかコーナスは地域にあたりまえにある居場所として、安心を与える存在になっていたのだ。

また、こんな話もある。コーナスが丸山通に作業所を構えていた頃、その近所に住んでいたという人が、共立通に移転してから10年以上経った頃にコーナスを訪れて、「いつもお掃除してくれてありがとう」と言ったという。ずっと前からそう伝えたかったのだが、近くにいるときには言えなかったそうだ。

時と共に人の意識も変わっていく。何年も経たなければ、その変化に気づかないこともある。コーナスが地域で生きるためにやってきたこと。バザーを開催したり、コーナス通信をつくったり、クッキーをつくって販売したり、展覧会を開いたり、地域のごみを拾ったり、さまざまな事業を展開したり。そうした行いの結果が今のコーナスをかたちづくっている。

内職からアート活動に移行したように、日々の活動は、この先変わってもいいと高子さんは思っている。アート活動を続けてもいいし、なにか別のことを始めてもいい。

ただ、その手法が変わっても、変わらずに守り続けてほしいものがある。それが「コーナスの願い」だ。

「コーナスの願い」は、2007年4月、コーナスが法人格を取得し、特定非営利活動法人コーナスとして、新たなスタートを切ろうというときにつくられた。

ある人が、高子さんにこう言ったのだ。

「理念をつくることが何より大事です。それがすべての物差しになります」

そう言って、つくり方まで教えてくれた。それは付箋を使ったKJ法と呼ばれるもので、思いついた言葉を付箋に書いていき、それをグループ化していくことで、思考を整理し、まとめ上げていく手法だった。

アトリエコーナスの一室に、メンバー、スタッフ、ボランティア、親たちが集まり、未来のコーナスがどんなふうになってほしいか、それぞれの望むことを付箋に書いて、大きな木のテーブルに貼り付けていった。コーナスを思う一人ひとりが言葉を持ち寄ってつくったものが、次に示す「コーナスの願い」だ。

「コーナスの願い」

「人」

ひとり一人の人生を大切に、共に生き共に育ち合います。
お互いの立場を思いやり、助け合うことを大切にします。
誰もが対等で信頼し合う関係を目指します。
感謝の心を忘れずに笑顔で挨拶をします。

「場」

ひとり一人が尊重され、くつろぎ癒される明るい空間をつくります。
全ての人に開かれた出会いの場、交流の場を目指します。
新しい人を受け入れていく環境を育てます。
関わる人が誇りに思えるコーナスを目指します。

「活動」

ひとり一人の個性に応じた長期的・短期的活動を目指します。
様々なイベントを通じてより活発な活動を行います。

築いてきた活動を大切に新たな創作活動にもチャレンジします。


「地域社会」

地域に根ざし地域の財産となるコーナスを目指します。

社会の一員であるコーナスとして地域との身近な交流を大切にします。

社会の中で、それぞれが存在の価値と役割を持ち得て、全ての人を包み込んでいけるコーナスを目指します。


「連携」

他の事業所や団体との交流を深め連携していきます。

各事業の報告・連絡・相談を大切にします。

スタッフ間の交流及び連携を深めます。

ケアの共有化を目指します。


「食」

食に関心を持ち、身体との関わりを考えます。

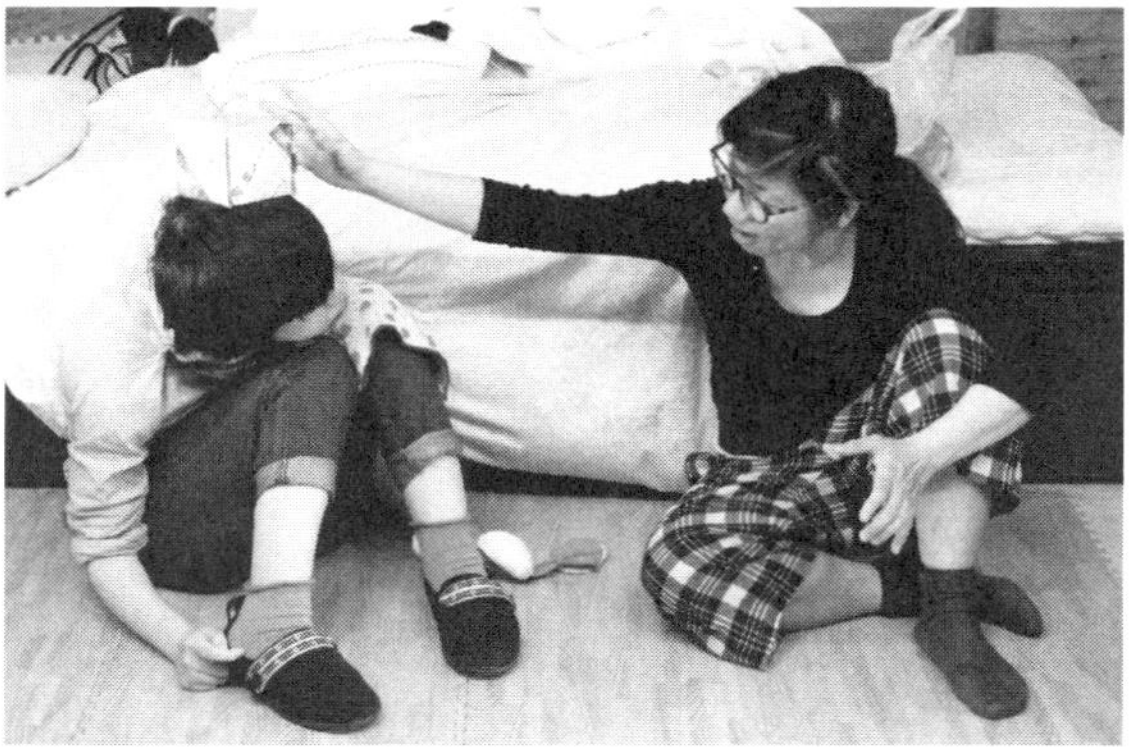

健康を大切にバランスのとれた豊かな食生活をつくります。

「美」
自然の移り変わりを大切に美しい環境を創りととのえます。
日々の活動を通じ、美を楽しむ心を育み、発想力と創造力を豊かにします。

「笑」
笑う門には福来たる。
思いに、言葉に、行いに、笑顔を持って歩んでいこう。

この8つの願いに、職員研修からうまれた3つのミッション「共に場をつくり・共に誇れる・共につなげる」を合わせたものが、コーナスの理念だ。

この先、コーナスにも変革が求められるときが来るかもしれない。そういうときには、この「コーナスの願い」に立ち返ってほしいと、コーナスのお母ちゃんたちは願っている。この「願い」こそ、コーナスが

地域で生きるためにやってきたことの全部であり、この「願い」の先にあるものこそ、コーナスに関わる人々が未来に望んだことだからだ。

そして、忘れないでほしいと願っている。この「願い」は、コーナスのメンバーたちのためだけでなく、コーナスに関わるすべての人に向けた「願い」であることを。

「願い」は問いかけている。メンバーたちにも、スタッフにも、親たちにも、そしてあなたにも。人を思いやることができているか。他者に開かれた環境をつくっているか。新しいチャレンジができているか。地域の一員として交流ができているか。関わる人々と連携ができているか。健康的な食事ができているか。美しさを感じる心があるか。

そして、あなた自身が笑っているのかと。

出版にあたり

出版にあたり、山ほどある昔の写真を見かえしていた。

１９８０年ごろ、小学校入学前後の妹（白岩直子）はすこし首をかしげ笑っている。

とても　とてもかわいい。けれども。


かわいそうになぁ。

なんでやろなぁ。


いつもそう思っていた。

手を繋いで小学校に行く道中ずっと妹はご機嫌で意味のわからない言葉を話している。

そのせいか、どの人もじろじろとこちらを見るので私は相槌も打たず下を向いて登校する。

いつもたまらなく面倒臭かった。


隣に眠る妹のおねしょがパジャマにしみて冷たかったこと。

妹が力任せに履くものだから私のお気に入りの靴下が破けてしまったこと。

出しっ放しの教科書の表紙に目一杯落書きをされたこと。

ある日曜日の朝、起きると私と妹しかいなかったので友達との約束を断って妹の世話をした。悪気の一切ない笑顔で私の失敗したおやつを食べる妹を見たら、堰を切ったように沸き上がる感情があちこちに暴走し収拾がつかなくなっていく。

もう、いい。誤魔化しながら過ごすことも多かったと思う。


そんな中、外では着々とコーナスは形作られていたようだ。

私も件の「地獄のバザー」「グループホーム泊まりボランティア」などに強制（共生？）的に人員として駆り出されていた。

それでも結婚を機にようやくコーナスとの距離ができた。30歳の頃だった。


引き続き阿倍野に住み仕事をするにあたり、地域にある望之門保育園に子どもを預けることは自然な流れだった。そして私は再度コーナスと出会う。保育園園庭を、コーナスが清掃していたからだ。

園庭掃除中だというのにハト時計のメロディーを求め園内へ激しくダッシュかます弘ちゃん。

セミの抜け殻を食べる仕草と挑発的な笑顔でスタッフをビビらす誠っちゃん。

アフリカ的原始のかけ声を発し園庭でノンストップヘッドバンキングを続ける真美ちゃん。
喧噪をものともせず春の木漏れ日の中を車椅子上で爆睡する妹。

珍妙な奴らがそこにいた。（褒め言葉です）
かわいそうになぁ。
なんでやろなぁ。

そう？
どこいらへんが哀れやねん。単におもろいだけやったやん。

今も時折くだらないかわいそうが湧き出るので、きれいサッパリ払拭は難しいのかもしれない。
しかしコーナスを囲む皆の顔を、はっきりと見つめることができるし、新しい場所と仲間も増えた。
やっぱ、やらなあかん。人に頼ったり助けてもらいながらでも。まだまだ笑える余地があるとようやく見えてきたから、皆のために頑張ったろうと思っている、今日この頃です。

アトリエコーナス施設長
明子アルガマ

さいごに

昨年、中秋の満月に見とれて転倒。大腿骨骨折で入院となりました。手術リハビリで病院暮らしが三か月続きました。「一体なぜこんなことが起きる?」と思いましたが、これは意味のあることでした。前だけを見て歩み続ける私に、神様は強制停止をかけられたのでしょう。

お陰で、これまでの30年をふりかえる時間が与えられました。

思えば、ノーマライゼーションの実現という、一途な願いだけでやってきました。

親の会の活動から5年目、一人になったときがありました。不安の中にいたのですが、あのときあきらめていたら、今はなかったと思います。

悲しかったことつらかったこと、様々な別れや出会い、良きことも悪しきことも、全て経験となって昇華しています。

初期メンバー親子、後に続いてくださったメンバー親子、そして多くのスタッフたち。さらに後援会や理事、顧問の先生方やボランティアさんなど、多くの方の支えがありました。本当に有難く感謝の念しかありません。

また、一人ひとりを尊重し寄り添うコーナスの理念は、メンバーから教えられました。

なかでも、今は亡き大川誠さんから学んだことが大きかったのです。

彼については、没後10年作品展を開催し、その中で紹介したいと思っています。

ライナー・マリア・リルケの言葉に
「愛することは、暗い夜道を照らすランプの灯のように、闇の中の不安をとりのぞき、暖かく美しい灯を投げかけることである。その灯は自身が光り続け、燃え続けることで叶うだろう。」

後に続く方たちのためにも、この地で灯を絶やすことなく歩んでまいります。


最後になりましたが、出版のご縁を繋いでいただいた川井田祥子様、最初から最後まで伴走してくださった、クリエイツかもがわ伊藤愛様に感謝いたします。

そして、手書のコーナス通信から活動を読み解き、お母ちゃんたちのインタビューや今日の事業までを、情熱と忍耐強さでまとめてくださった畠中英明様に、改めてお礼を申し上げます。

また、天国におられるコーナスゆかりの皆様にも心から感謝いたします。

特定非営利活動法人コーナス
代表理事　白岩髙子

編著者プロフィール

畠中英明（はたなか　ひであき）

1981年、兵庫県生まれ。広告代理店勤務の後、2011年より国際障害者交流センター ビッグ・アイの事業企画課に勤務。障害の有無をはじめ、さまざまな違いをもつ人々が出会い、交流し、体験することのできる文化芸術事業の広報を担当する。その経験をもとに、2019年よりフリーランスの編集者・校正者として活動している（屋号：かえるぐみ）。

白岩髙子（しらいわ　たかこ）

1947年、堺市生まれ。24歳から阿倍野区共立通で暮らしている。難治性てんかんをもつ次女の誕生を機に、1981年「阿倍野で共に生きよう会」の活動に参加。1993年「コーナス共生作業所」設立。12年後、築85年の町家を改修した共立通に移転、アート活動に舵を取り直し、地域でノーマライゼーションの実践を続けている。

特定非営利活動法人コーナス

〒545-0041　大阪市阿倍野区共立通1－2－10
KIKUYA GARDEN 2F
TEL/FAX　06（7891）5010
https://corners-net.com/

Web　Instagram

阿倍野区共立通の500メートル圏内に、アトリエコーナス（生活介護）／自立訓練／就労継続支援Ｂ型／グループホーム／居宅介護の他、多様な人々が集うレンタルスペースや就労継続支援Ｂ型の利用者が働くカフェなどを運営。

共立通２丁目のアーティストたち
アトリエコーナスの軌跡
2025年 1月 10日　初版発行
編著者　畠中英明＋白岩髙子

発行者　田島英二
発行所　株式会社 クリエイツかもがわ
〒601-8382　京都市南区吉祥院石原上川原町21
電話　075（661）5741　FAX　075（693）6605
ホームページ　https://www.creates-k.co.jp
郵便振替　00990-7-150584
装　丁　菅田　亮
印刷所　モリモト印刷株式会社

© 畠中英明 白岩髙子 2025 Printed in Japan
ISBN978-4-86342-383-1 C0036　Printed in Japan
本書のコピー、スキャン、デジタル化等の無断複製は著作権法上での例外を除き禁じられています。本書を代行業者等の第三者に依頼してスキャンやデジタル化することは、いかなる場合も著作権法上認められておりません。